JN322122

一目瞭然！
数値で発掘
収益不動産

和合 実 著

は じ め に

　2006年3月に『収益不動産所有の極意』を、2007年3月には『出口からみる収益不動産投資』を上梓しました。出版はしたものの、もし売れなかったら発行所や協力者に申し訳ないことになると思っていましたが、おかげさまでご迷惑をかけることなく、順調に売れているようでうれしく思っています。

　多くの読者よりメールや手紙で激励の言葉を頂いたこと、私の一貫したビジネススタイルである「WIN−WINの関係」を支持してくださったお客様、なかにはわざわざ遠方から、見知らぬ私に会いに来てくださった方々に、心より感謝申し上げます。普通の会社員では味わえない感動を頂戴いたしました。会社員でありながらも出版の機会を得ましたことは本当にありがたく、くじけそうになったこともありましたが多くの方々の支えで今日があると感謝しております。まずは、この場をお借りしまして、御礼申し上げます。

　私の先の著書を読んでくださった方々から、「和合実はフルローンを否定している」、「自己資金のある人が対象」、「慎重すぎる」等の声も聞こえてきます。その声に反論するつもりはありませんが、若干の誤解もあるように感じています。先のご指摘は私の強調している点ですので、そのように受け止めて頂けたのなら、それなりの効果はあったと思っています。ですが行間に隠れた部分を、読み解いていただけていないようにも思います。その点についてご説明します。

　私は誰彼にも、フルローンを使っての不動産投資をお勧めしていません。また自己資金の十分な人が私のお客様に多いことや、不動産投資に慎重なのも事実です。でもそれには理由があります。それは一面

において「事実」ですが、すべてではありません。なぜなら、私のお客様にもフルローンを組んで、収益不動産を購入されている方も存在しますし、そのような物件のご紹介もしています。たとえば、自己資金の多い方には、店舗物件の購入に資金を使っていただき、マンション物件には物件価額以上のローンを組むことをお勧めしました。仮に自己資金が少なくとも、リスクを充分理解して頂けるお客様には、フルローン物件をご紹介することもあるのです。

　不動産を取得した結果、人生良くなる人と、悪くなる人がいます。各々の例を挙げます。借金のない自宅をお持ちの人が、年金生活に入る前にその自宅を売却し、その資金の範囲内で新たに自宅と収益物件を購入した人がいます。私の「ライフスタイルの変更提案」を、実践してくださったお客様です。毎月の家賃収入は、気持ちに余裕をもたらしてくれると言っておられました。また、毎年でも趣味の海外旅行に行けると喜んでおられます。これは良くなった人の事例です。

　反対に悪くなる人とは、欲が先行して分不相応の不動産を多額の借金で購入し、時代の変化で当初の目論見どおり行かなくなり、借金返済ができなくなるケースです。こういうこともありえますから慎重になるのです。不動産投資を安易に考え、いいところばかりに目がいく人は、総じて「失敗は他人ごと」と思われているように感じます。もしその失敗が自分の身に降りかかり、人生を左右することにでもなったら後悔しきれないことになります。ですから、たとえ私がビジネスチャンスを失うことになっても、できるだけ考えられるリスクを開示し、その上で判断して頂くようにしています。

　私自身、慎重ではありますが、決してのんびり構えているわけではありません。優良物件を逃がさないようにすばやく判断することも実

践しています。その判断の仕方は本書で明らかにします。

　また、読者の方よりもっと踏み込んで教えてほしいという要望もあります。ご要望にお応えしたくとも、限られた紙面の中では語り尽くせないことがあります。あるいは説明しづらいこと、文字にしない方が良いこともあるのです。ですから、もっと詳しくお知りになりたい方は、第6章でご紹介する「トレジャー発見勉強会」にご参加頂ければと思います。

　しかしながら、不動産投資で成功を収めるにはこれでも十分ではありません。机上の勉強も必要ですが、不動産投資実践の中で自ら疑問に挑戦するという姿勢も必要です。そういう姿勢が成功に導くことになると信じます。仮に私の知っているすべてのことをお話しましても、新たな問題は続々と出てきます。答えを求めるには時間やコストがかかるものです。なぜなら、それは自らの利益につながることだからです。また、その答えは時期によっても変わってくるものです。不動産を所有するなら、常に「自ら考え行動する」という原則を身に付けてください。それが自己責任を全うする上で、重要なことだと考えます。これを実践すれば必ず答えは見つかります。

　そうは言うものの、本書ではフルローン、あるいはそれに近い融資を組める物件の見つけ方を教授している一面があります。フルローンを組める物件というのは、換言しますと、特定の期間は出口を見つけやすい物件ということでもあります。その意味するところは本書をじっくりお読みくだされば、ご理解いただけるはずです。かなり踏み込んで語っている点もありますから、ご参考にしていただければ幸いです。

　私は処女作『収益不動産所有の極意』でデータからの将来予測、不

動産所有の注意点、相続税対策の手法の変化、優良物件の５要素、土地活用のあり方、物件価値の考え方、収益不動産の保有法、トレジャー発見勉強会の主旨、WIN－WINの関係や不動産戦略の立て方について著し、第二冊目の『出口からみる収益不動産投資』では、物件概要書の見方に始まり、タイプ別不動産の見方・考え方をケーススタディ方式で説明し、私のアドバイスや不動産所有の最終形について詳述しました。特に二冊目では他ではほとんど語られていない「出口」を切り口にして、不動産の取得をスタートと位置づけ、「なぜ・どのように・いつ・どうなれば・どうする」というようなことを事前に想定し、物件取得からその出口までストーリーを描いてから、不動産の購入是非を判断することが、失敗を防ぐことになると説明しています。今もその考え方に変わりはありません。前２作と共に、本書を読み終えて頂いたなら、私が順を追って本書に至ったことがご理解いただけると思います。すなわち、第一作目は哲学編、第二作目は実例編、そして第三作目となる本書は理論編となります。和合実の収益不動産本・三部作の完成です。

　顧みますと過去10年、不動産を取り巻く環境は年々変化してきました。それに呼応するかのように、金融事情も変化しています。過去においては購入できなくとも、今ならできる。反対に今ならできるけれども、将来はできなくなると予想されるところもあります。金融機関の融資姿勢の変化で、不動産流通は左右されるのです。ですから、いつの時代も同じ考え方では、時代遅れとなってしまいます。反対にそんな中でも、原理原則的なことは守った方が良いという面もあり、常に両面を意識して不動産を見ていく必要性を痛感します。

　私も不動産を所有し、昨年も新たに物件を購入しました。前作を読

んで頂いた読者諸兄は、「和合実は店舗を購入した」と考えておられるかもしれませんね。でも違います。融資を受けて、一棟マンションを購入しました。しかもフルローンに近い融資を受けてです。驚きましたか？　これも最終形を意識してのことです。フルローンを活用するのは、私の最終目標までの過程に過ぎません。でも失敗しないように、最善の注意を払って行います。どんな物件がフルローンを組めるのか、優良物件の5要素からみてどうか、取得から出口までのストーリーは描けるかを、考えて購入するのです。

　これからご説明する『和合実のトレジャー発見　不動産投資計画書』は、私が実践の中で身に付けた、「不動産を見る目」にプラスして、物件そのものの価値を数値化し、売買判断の材料とするものです。いわば、私のノウハウでもあります。本書を最後まで読んで頂けたら、「なるほど」と、不動産の選定の仕方が90％ほどわかって頂けると思います。残りの10％は何かと言いますと、ご自身の努力で勝ち取って頂くものとご理解ください。第一章は、解説書のようですし、他章においても再々同じことを繰り返し述べている部分もありますので、読みづらいところもあろうかと思います。どの章から読んで頂いても結構ですが、「不動産投資計画書」の内容を理解されると、ご満足頂けるものと信じています。本書をきっかけに、これまで以上に不動産とのつき合いが良好になりますことを祈念いたします。

　この度の出版に当たりましては、私の収益不動産に対する知識・考え方・見方を踏襲し、『和合実のトレジャー発見　不動産投資計画書』のWeb版ソフトを完成してくださった有限会社ＮＴＬの倉田昌彦氏はじめ、株式会社清文社の総合企画室長の玉江博氏、編集部諸氏にご尽力を賜りましたことを、ここに心より御礼申し上げます。

収益不動産本・三部作の完成は、私が収益不動産に関わってからの集大成でもあります。これら三部作の刊行の運びとなりましたのも、セミナーやトレジャー発見勉強会で知遇を得ました方々や、和合実ファンの暖かい支援の賜物と深く感謝申し上げます。それから、読者の皆様にお知らせがあります。この度、長年勤めた職場を円満退社し、独立することとなりました。活動範囲を広げ、これまで応え切れなかった相談等のご要望にも対応していく所存です。今後とも、更なる精進を重ねてまいりますので、ご支援ご鞭撻の程、よろしくお願い申し上げます。

平成20年2月　　　　　　　　　　　　　　　　　　　　　　　著者

contents

目 次

はじめに …………………………………………………………………………1

第1章　自己資金はいくらありますか
1. 自己資金ゼロでも物件購入は可能ですか ………………………11
2. 自己資金1,000万円の人が買える物件 ……………………………15
3. 不動産投資計画書とは ………………………………………………17
4. 物件概要書だけで不動産投資計画書を作る ………………………19

第2章　『Web版 和合実のトレジャー発見 不動産投資計画書』
1. 融資審査もこれで万全！ ……………………………………………25
2. 基本情報登録 …………………………………………………………28
3. 詳細情報登録 …………………………………………………………36
4. 融資関連情報登録 ……………………………………………………45
5. 不動産投資計画書Ⅰ …………………………………………………53
6. 不動産投資計画書Ⅱ（収支＆キャッシュフローシート）……69
7. 不動産投資計画書による物件評価 …………………………………79

第3章　事例でみる『不動産投資計画書』
1. 数値分析で物件を解体 ………………………………………………83
2. 高収入の資産家が出口を視野に入れて検討した物件 …………99
3. 年金＋αの生活実現を楽しみに持つ物件 ………………………105

第4章　各銀行で評価の異なる物件
　1.　マンションスタイルの店舗事務所一棟物件 …………………113
　2.　店舗割合の大きなマンション一棟物件 …………………………121

第5章　購入目的はさまざまです
　1.　融資期間の短くなる物件（学生対象ワンルームがいい理由）131
　2.　新築間もない物件（相続税対策になる物件）…………………135

第6章　トレジャー発見勉強会スペシャル講義のご案内
　1.　トレジャー発見勉強会スペシャル講義とは　……………………141
　2.　トレジャー発見勉強会スペシャル講義参加者の声　……………145

終わりに ……………………………………………………………………151

chapter 1

第1章
自己資金はいくらありますか

1．自己資金ゼロでも物件購入は可能ですか

　収益不動産の取得を考えている人の購入動機は様々です。また購入したいという意思があっても、「どこから手を付ければいいのかわからない」という人もいるでしょう。私の主催する「トレジャー発見勉強会」の参加者にも、そのような人が多くいました。中には収益不動産のことを全く勉強しないで、あるいは電話でワンルームマンション投資の勧誘を受け、勧められるがままに遠方の物件を見もしないで購入した人も数名いました。この人達に共通しているのは、「収入は高い、でも忙しくて不動産に関する勉強なんかする暇がない」という点です。

　このような方々にとっては、不動産賃貸はあくまで副業ですから、本業がビジネスであっても、不動産賃貸はビジネスであるとの観念を持ち合わせていないケースが多いのです。そのため、どうしても考え方に甘さが見受けられます。不動産賃貸業もビジネスですから、知識もなく片手間にしていてうまくいくほど、楽なビジネスではなくなっています。不動産を取り巻く環境も年々変化していますので、その変化に対応した知識の修得は欠かせないのです。

　収益不動産のプロとして、それを本業にしている私でさえ、1年を振り返りますと、必ず新たな知識の蓄積がなされ、進化していることを感じます。一定レベルにまでは誰でも到達しますが、それ以上となりますと、本業であっても知識レベルに大きな差があります。収益不動産を扱っている営業マンでも、実はよくわかっていないという人が結構多いのです。わからないのは、自ら収益不動産を所有していないことも原因の一つです。どんなビジネスの世界でも、頭で理解するのと、実体験とは異なるものです。自らもリスクを取るチャレンジなく

して、他人事のように評論しても説得力はありません。「言うがごとく行い、行うがごとくに言う。」このことができて、初めて説得力が出るものです。

　さて、本章では自分に買える収益不動産がどんなものかわからない方のために、それを知る術に関してお話しましょう。

　質問をいただいて、ときに答えるのに戸惑いを生じることがあります。たとえば、「不動産投資をするに当って、自己資金がゼロでも大丈夫でしょうか？」という質問に対して、読者の皆さんはどのようにお考えになりますか？質問の意味を、「できるかできないか」ということのみですと、「できないことはない」という答えになりませんか？　私もそう答えます。

　でも言われている意味が、これでは理解しにくいところがありますね。「自己資金」の意味が「手持資金（金融資産：現預金・国債・株式等）」と同じであるのかどうかと、「大丈夫？」の意味が、「購入できるかどうか」ということなのか、それとも「不動産を所有することに安心していいか」という風にも取れますので、質問者の意図をはっきり把握しないと、答えに窮します。

　自己資金ゼロでも、金融資産有りと無しでは大きく意味が変わってきます。ですから言葉の定義が必要です。自己資金とは、「不動産取得に当って拠出できる資金」としましょう。そうしますと、たとえば「預金が2,000万円あるが、不動産取得に際しては、預金を使いたくないので自己資金はゼロ」というのなら、ゼロの意味が変わってきます。ただし、それでも、自己資金ゼロで購入できる物件（以下「自己資金ゼロ物件」といいます。）で、かつ個人が手を出せる物件は、非常に少な

くなっています。まして、金融資産がゼロでは難しいでしょうね。そのような方の場合、不動産投資にチャレンジしようとする気概は買えても、どこの不動産仲介会社においても物件のご紹介をすることはむずかしくなります。なぜならその人には銀行が融資をしない傾向にありますので、ビジネスにならないケースが多いからです。

　私の記憶では、6年ほど前から銀行は、不動産取得にかかる諸費用込みの全額融資をしてまで、積極的に融資をする傾向にありました。他に借金がなければ一般的サラリーマンでも、融資を受けるのに何ら問題はありませんでした。もっと言いますと、夫がサラリーマンで、かつ連帯保証人になるのであれば、収入のない専業主婦でもフルローンを組んで、収益マンション一棟物件を購入することが可能でした。それを可能にした最大の理由は、不動産を購入したい人が少なかったことです。すなわち、不動産市場において、需要より供給の方が多かったため、収益性の高い、築浅の優良物件が買えたからです。これは購入者にとって単にタイミングが良かったということです。今では、そうはいきません。大手銀行の場合、すでに不良債権の処理にメドを付け、融資審査の基準も厳しくなっています。買主有利であったのは2年ほど前までのことです。ですから、それまでに自己資金ゼロで収益不動産を買えたということと、その人の不動産に対する所有術が長けていたということとは全くイコールではありません。購入の折に、不測の事態のことを考えて購入した人がどれほどいたか疑問です。

　現在では、自己資金なしで物件を購入できるチャンスは、以前ほど多くはありません。大きな理由は2つあります。一つは、購入したい人がますます増えてきているからです。すなわち需要の方が供給を上回っていますので、物件価額は上昇し、反対に収益性は低くなってい

ます。優良物件はすばやく判断して契約に持ち込まないと、なかなか買えないのです。もう一つは銀行の融資スタンスが変わったからです。不良債権の処理にメドが立っていると申し上げましたでしょう。今では、銀行は融資をするなら、富裕層を中心にと考えているのです。収益性についても物件によっては、「満室予想」ではみてくれなくなってきています。満室であるか、満室になることが確実でないと、収益還元での担保評価や借入可能限度額は低くなります。そのことは多くの場合、資金的に余裕のある人が購入対象者になるということを意味します。

　仮に自己資金ゼロ物件でも、不動産保有期間中に、急な資金需要が発生したときや、金利の上昇でキャッシュフローが回らなくなったときにも、対処できる人かどうかを銀行は確認しています。それを証明するのに一番の方法は、いつでも使える預金の残高を示すことです。ですから、自己資金ゼロ物件希望者で預金の少ない人は、自由に使える資金が1,000万円になってからでも、始めるのに遅くはないと思います。では500万円の資金ではダメかと言われますと、この場合も「できないことはありません」というのが答えです。しかし、積極的にお勧めはしません。ただし、自己責任の意味がおわかりの方には、「やめておきなさい」と偉そうに言える立場でもありませんから、ご自身で判断されれば良いと思います。実際、銀行の定める収入以上の人は、資金が少なくても、フルローンを組んでの不動産購入が、まだエリアや物件によっては可能であることも申し添えておきます。

2．自己資金1,000万円の人が買える物件

さて自己資金が1,000万円ある人はどのような物件が買えるのか検討してみましょう。その際に、ここでちょっといくつかの質問をします。チャレンジしてみてください。

「この人の購入対象となる不動産の種類がおわかりになりますか？」、条件が1,000万円の自己資金だけでは答えられない部分がありますね。他に何がわかれば回答できるでしょうか？　この条件だけで考えますと、区分所有マンション、アパート一棟物件、マンション一棟物件が一応対象になります。店舗事務所系は住居系物件に比し、他の所得や資産背景が影響し、融資審査が厳しくなりますので、ここでは住居系に絞って検討したいと思います。

まず、区分所有マンションですが、私は前著でも、「区分所有のワンルームマンション投資はお勧めしない」と言いましたので、ここでも対象外とします。金融機関によっても見方は異なるのですが、本書ではある大手銀行の見方を基準にしていきたいと思います。ただし、実際は区分所有マンションの場合は、大手銀行より地方銀行の方が融資を受けやすいのです。大手銀行は基本的に融資額の小さな物件を嫌がります。エリアによっても異なりますが、借入額は最低でも3,000万円ぐらいです。

仮に2,500万円の賃貸中の中古区分所有物件の購入に際し、自己資金が1,000万円あれば「銀行融資に問題はない」と、言い切れるでしょうか？　融資の審査を受けるには何が必要でしょうか？　家賃がいくらなら貸してくれるのでしょうか？　実は区分所有物件に対する融資審査の基準は、その物件から上がる家賃ではなく、融資対象者が会社員ならその人の年収、個人事業者なら申告所得に関係するのです。なぜ

なら、入居者が退去しても、ローンが払えるかという観点から審査をするからです。当該物件の家賃収入はあまり関係ないのです。住宅ローンを抱えている人は、そのローンも含めて年間返済額が年収の35～40％以内になるようにするのが基本です。融資を組んでその範囲に収まるかどうかを検証してみてください。できない人は銀行に融資の相談をしてみてください。

　次に、賃貸アパート一棟物件を検討します。仮に物件価額が4,000万円なら融資は可能でしょうか？　利回りがいくらなら貸してくれるでしょうか？　構造は関係あるのでしょうか？　諸費用はいくらかかりますか？　諸費用の中には何が含まれますか？　その費用計算のために何がわかればできますか？　一例を挙げますと、諸費用の中には登録免許税や不動産取得税があります。これを計算するには固定資産税評価額がわからないと計算できませんね。諸費用を考えますと、自己資金1,000万円なら融資金額が3,000万円では購入できません。ここでは答えを出さずに先に進みます。

　それでは次に賃貸マンション一棟物件を検討してみます。仮に価額7,000万円の物件は購入可能でしょうか？　買えるというのはどういう条件を備えた物件でしょうか？　買えないというのは何が問題になっているのでしょうか？　その問題の解決策はあるでしょうか？　同じ金額のアパートとマンションではどちらが購入しやすいでしょうか？　2,500万円の区分所有マンションと7,000万円の一棟マンションではどちらが購入しやすいでしょうか？

　さて、いかがでしたか、私の質問に答えられたでしょうか？　答えられた方は、おそらく不動産投資の熟練者か、銀行融資の仕組みを十分ご存知の方だと推察します。ここで答えられなくても心配はご無用

です。私の質問の意味が、本書を読み終えたときにわかっていただければ、本書の内容を十分理解されたということになるでしょう。そのことも頭の片隅において、読んでいただければと思います。

3．不動産投資計画書とは

　収益不動産の購入を考えている人の中には、取得後の借入金返済や支出について、勘で対応されている人も多くいます。「家賃がわかれば何とかなる」という感じなのかも知れません。それは物件購入にかかる総投資額の半分ぐらいを、自己資金で対応できるような人のすることです。少なくとも総投資額の80％以上を銀行融資に頼る人はこれでは心もとなく感じます。物件を取得した場合の収入と支出のバランスや、キャッシュフローを検討しなければなりません。融資を受けようと思うなら、「私に融資をして頂いても大丈夫ですよ」と、その検討結果を示せるような書類を銀行に提出するぐらいでないと、特に初めての取引では、思うように事が運ばないケースの方が多いのです。融資する側の立場になって考えれば、それも当然のことと理解しないといけません。

　銀行は融資の焦げ付きを一番嫌います。いくら物件が良くても、100％確実ということはありませんから、どの様なことがあっても返済しようとする人物かどうかを見ています。銀行窓口にいきなり行っても、真剣に取り合ってくれないケースもありますから、融資をお願いするときは、銀行に対して信用のある人に融資担当者を紹介してもらうのも一つの方法です。紹介者の信用で銀行員に安心感を与えることになります。面談の折は、借入金返済のメドをどのように立てているのかを、自分の言葉で説明することも大事なことだと思います。銀行

側からすると、収入や資産が十分な人に融資を実行したいのです。そうでない人が融資を受けるには、貸手側の理論がわかっていないとスムーズにはいかないものです。

　貸手の理論を知るとは、どんな物件であれば融資をしやすいのか、どうすれば信用してもらえるかを知ることです。購入検討物件に対していくらの融資が可能なのか、そのメドをつけてお願いするのと、何も知らずにお願いするのとでは、その仕方も、あるいは銀行の返事も変わってきます。返済のメドや、不測の事態への対処法も考えておくと、信頼性が増すでしょう。行き当たりばったりでは信用してくれません。一棟物件を購入しようと思うのでしたら、不動産賃貸業をビジネスとして考えないといけません。それには事業計画書が必要でしょう。その事業計画書に代わるものが、「不動産投資計画書」です。当該物件の特性を把握し、不動産投資分析を行います。事業収支から返済可能額を出し、滅多なことでは債務不履行にならない借入限度額を把握する必要があります。その額の範囲内で融資を申し込めば、スムーズな審査が期待できます。

　反対に、いくら借入できるのかもわからずに、フルローンを希望したり、返済額がいくらなら確実に返済できるのかもわからないのでは、融資をする側から見ますと、いい評価にはなりません。融資について、一から話をする余裕は銀行マンにもないと考えておく方が無難です。それは話の通じる人と話をしたいというのが、忙しい銀行マンの本音だからです。そのためにも、自らが検討した結果を元に、銀行が自分に融資をするリスクを客観的に説明できればベストです。そのときに使っていただきたいのが、『Web版　和合実のトレジャー発見　不動産投資計画書』なのです。

4．物件概要書だけで不動産投資計画書を作る

　不動産投資計画書を作成したくとも、どのように作成すればいいのかわからない人も多いのではないかと思います。そこはご安心ください。『Web版　和合実のトレジャー発見　不動産投資計画書』は、購入を検討しようと思う物件の概要書があればできるのです。一から投資計画書や事業収支を作るのは、不動産投資の経験がないと難しいでしょう。収益不動産を所有し、毎月の収支を記録して、確定申告書を作成するという作業を何年にも渡って行い、不動産とのつきあいに慣れてきて始めてできるものです。どんな費用が発生し、それをどう切り詰めるのか、将来予測をどのようにし、収支表を作るにはどんな項目を並べればいいのか等、経験がなければ基準がわからないでしょう。そのような人のために、順番に必要項目を、物件概要書を見ながら、その数値等を入力するだけで不動産投資計画書を作成することを可能にしたのが『Web版　和合実のトレジャー発見　不動産投資計画書』です。

　これで誰でも簡単に不動産投資計画書が作成できます。ただし、でき上がった不動産投資計画書をどのように見ればいいのかは、勉強していただく必要があります。勉強せずにその内容を読み解く能力のある人は、不動産投資に対する知識の豊富な人です。たとえば、でき上がった不動産投資計画書を銀行に持ち込めば、融資の担当者なら、説明をしなくともそれを読み解くことはできるでしょう。その担当者が読み解いた以上のことを説明できるようになれば、信頼を勝ち得ることができます。「それだけ十分な検討をして、融資をお願いしている」ということが伝わるからです。そのことが、難しい融資物件への融資を可能にしたり、あるいは融資額の上乗せをしてもらえることになる

のです。

　私は、同一物件の融資額が、誰が申し込んでも同じであることの方がおかしいと思うのです。なぜなら、リスクの許容度は人それぞれ異なると考えるからです。初めて物件を購入する人と、既に複数棟所有している人が購入する場合では、果たしてリスク許容度は同じでしょうか？　不動産の所有経験のある人は所有にまつわるいろんな問題を解決しながら、物件を維持されてきているはずですから、リスクへの対処法を初心者の人よりは心得ておられると感じます。20年以上に渡り、返済を滞りなく続けることは、当然のことのようで実は大変なことなのです。将来人口が減って空室が埋まりにくいことや、賃料の値下げを当たり前のように考えておくことも必要でしょう。そう考えますと賃貸マンションを保有し続けることは、たやすいことではありません。

　融資金利や融資額は人により異なります。良い融資条件を獲得したいと考えるのは誰も同じです。初めて借入する人が何の努力もなしに始めから良い条件で融資を受けることはできません。不動産仲介業者の提携ローンで店頭金利より若干低いということはあっても、そこでの所有に躓けば、以降は条件が厳しくなるものです。読者の皆さんには、一棟目より二棟目、二棟目より三棟目と、順次融資条件が良くなるような所有をして頂きたいのです。

　この『Web版　和合実のトレジャー発見　不動産投資計画書』は、所有期間中の問題点の洗い出しにも活用して頂けます。少なくとも年に一度実態ベースの数値を基に、不動産投資計画書を作成すると、当初予測とどのように異なっているかがわかります。予測より良い数値が並んでいたら、それを維持していけばいいでしょう。もし悪ければ

早めに対策を考える必要性を自覚できます。将来的に収益不動産を所有することが難しくなりそうな状況でしたら、売却するということも視野に入れないといけません。やり直しは、大きなダメージを受けてからでは遅いのです。将来的に良い方向が見えない状況にあるにもかかわらず、答えは「持ち続けるよりほかなし」ということにならないようにしないと、不動産所有が重荷になってきます。手遅れにならないように、適切な売却時期を見出すことが重要なのです。『Web版 和合実のトレジャー発見　不動産投資計画書』では、これも検討できるようになっていますから、転ばぬ先の杖として、ご利用ください。

chapter 2

第2章
『Web版 和合実のトレジャー発見 不動産投資計画書』

1．融資審査もこれで万全！

　この章では、不動産投資計画書を完成させるまでの手順についてご説明いたします。興味を引く不動産の物件概要書があれば、そこに記載された物件情報だけで作成できます。これが『Web版　和合実のトレジャー発見　不動産投資計画書』の最大の特徴です。でも、この不動産投資計画書を作成するには、いくつもの予測値が必要となります。その予測値が大きくはずれると、でき上がった不動産投資計画書は、「絵に描いた餅」になります。ですから、作成するにも高い精度を求める人は経験と勘が必要ですし、予測値を変えて、数パターン検討することも必要になります。また、最悪のケースも考え、リスク要因がどこに潜んでいるのかを把握しようとする姿勢が求められます。

　そして、収益不動産を取得すれば、少なくとも毎年１回は、「見直しのための不動産投資計画書」を作ることも必要なのです。そのとき、初めて潜んでいるリスクに気づくかもしれません。当初予測は当らないことも当然あるでしょう。予測したことがすべて当たるということはないのですから、数値変動があればその都度修正を加え、より現実に近づけるのです。この手間が「自らを守る」ことにもなりますから、手間を惜しんではいけません。そのことを肝に銘じ、不動産投資計画書を作成することの意味を理解してください。

　拙者『収益不動産所有の極意』や『出口からみる収益不動産投資』の読者から寄せられる質問の中で、比較的多いのが、「どのように物件を評価すればいいのでしょうか？」という質問です。収益不動産を購入したくとも、購入判断がつかないという人は結構多いようです。「仲介業者に勧められるままに買ってもいいのだろうか」、「騙されはしないだろうか」、「あとで後悔することにならないだろうか」という質問

者の心理が見えてきます。

　収益不動産を購入することも、一つの投資ですから、絶対儲かるとは断言できません。当初は良くとも、数年後には「空室が埋まらなくなった」というようなこともあり得るからです。地価も経済環境の変化等で上下します。融資を受けて購入する人は、その返済が完了するまでは、融資を受けた銀行からの預かり物と同じです。ですから、たとえ優良な収益不動産を購入できても、自分の物になったわけではないという認識が必要です。

　またそれで終わりでなく、そこがスタートなのです。そのことは前著でも言ったとおりです。通常、借入期間は長期に渡ります。その間にどんなリスクが発生するか、すべてを予測することは不可能です。でも考えられるリスク要因だけでも、対処の術を持つのと持たないのでは、リスクに晒されたときの行動が変わります。ここで、勝者となるか、敗者となるかが決することにもなるのです。ですから、いくら優良と思える物件を取得しても、それは永久に保証されたものではありませんから、所有者の管理運営法や行動で、その「価値は変化する」ということを、あらかじめ理解してください。

　『和合実のトレジャー発見　不動産投資計画書』では、『登録フォーム』３部（Ａ４サイズ３枚）と、『PDF印刷フォーム』２部（Ａ４サイズ２枚：不動産投資計画書ⅠとⅡ）という構成になっており、登録フォームに数値や文字を入力することによって、不動産投資計画書Ⅰと、不動産投資計画書Ⅱ（キャッシュフローシート）を自動作成することができます。

　それでは私が愛用している『Web版　和合実のトレジャー発見　不動産投資計画書』がどのようなものか、ご紹介しましょう。

私はこれを、銀行融資の交渉の際にも使用しています。物件価値を、どのように分析しているかをわかってもらうためです。ある面、銀行の融資担当者の目線でも見ていますので話は通じます。それどころか、この「不動産投資計画書の作成ソフトが欲しい」と言った銀行担当者もいましたので、このソフトの内容や精度については、自信を持っています。もし読者の皆さんが、このソフトで不動産投資計画書を作成し、自らの言葉で物件の分析結果を説明できれば、銀行の担当者は、よく検討していることを認めてくれるでしょう。このソフトを使えば、不動産投資計画書の作成自体は、特に難しいものではありません。先ほども申しましたように、物件概要書さえあれば、物件取得に要する総資金額から、諸費用合計額、借入可能限度額、収支や税引後のキャッシュフローまでが目安としてわかるようになっています。

　ポイントは、「税引後のキャッシュフロー」です。人によって既にある所得は異なります。そのことは、物件取得後のキャッシュフローが異なることを意味しています。ここに、私が言う「人によってお勧めする物件が異なる。」という理由があるのです。そのことも頭の片隅において、後ほど、不動産投資計画書を自ら作ってみてください。今はまず、作成方法を理解するというところに重点を置いて、別冊を参照しながら、読み進めてください。

　それでは、『登録フォーム』から入力方法を説明します。この登録画面では、『基本情報登録』・『詳細情報登録』・『融資関連情報登録』の3部構成になっています。不動産の物件概要書に書かれてある事項を、そのまま移記するように、入力していきます。では順を追ってご説明しましょう。

2．基本情報登録

最初に、 新規に作成する のボタンをクリックして、 基本情報登録 の画面を開きます。上から順に、必要事項を入力します。

作成日

```
2008/01/01
```

　収支計算等はこの作成日を基準に行いますから、購入検討日現在でもいいですし、実際に売買契約をした場合は、売買代金の決済日（物件の取得日）でも構いません。あるいは、未来の特定日でも構わないのです。実はここが画期的なのです。どういうことかと申しますと、たとえば10年後に売却したいと思った場合、10年後の特定日を基準に、不動産投資計画書を作成することができるということです。それは10年後、買手の立場で、「物件の売却価額を事前に検討することができる。」ということを意味します。10年後の物件はどのように評価されるのか、あるいは評価すべきなのかを予測することができるのです。これは私の言う、「出口を意識する」ということにも直結してきます。具体的には次章で説明しますので、ここではそういうこともできるということを、頭にインプットしておいてください。

物件名

```
*****
```

　これは物件の名称です。記載がなければ、「(仮称) ○○マンション」として入力すればいいでしょう。

物件種別

| 収益マンション一棟 ▽ | 地区: | 東京都心部 ▽ |

　ここはクリックするだけで、表示されるようになっています。検討対象の物件が、どのような物件かを示すものです。その物件に合う物件種類を☑をクリックして選択します。そこには、次のような種類があります。「収益マンション一棟、収益マンション区分、収益アパート一棟、収益店舗一棟、収益飲食店舗一棟、収益店舗区分、収益飲食店舗区分、収益ビル一棟」です。「飲食店舗」を、他の「店舗」と区別している理由は、火災保険料が異なるからです。火を扱う飲食店舗の火災保険料は、住居系物件と比べますと、かなり割高になっています。

　地区欄には、「東京都心部」以外のすべてのエリアは、「その他」を表示させます。東京都心部のみ、算定基準が多少異なるからです。

物件価額

| ***** | 千円 |

　消費税込みの総額を入力します。登録フォームで使う価額の計算単位は、すべて「千円」です。

家賃区分

○ 月　額　　◉ 年　額

　月額表示で入力するのか、年額表示で入力するのかを選択します。どちらで入力しても、「不動産投資計画書Ⅰ」には、年額で表示されます。

現状家賃（共益費込）

```
****        千円
```

現状の家賃を入力します。駐車場の収入もあれば、家賃に加えて入力してください。ただし、一時的に空室になっていて、すぐにも入居者が入るような物件であれば、満室家賃を入力しても構いません。ここの金額の大きい方が融資額算定上、その額も大きくなります。

満室家賃（共益費込）

```
****        千円
```

満室時の家賃を入力します。現状家賃と同じでも、省略しないで入力してください。最近は、満室にするのが難しい物件でも、満室家賃の表示しかしない物件概要書もあります。この手の物件には気をつけた方がいいですね。数年間満室にならなかったことが理由で売却される物件もあるからです。ここで満室家賃を入力するのは借入可能限度額に影響するからです。でも1年以上空室状態の物件は、家賃が入らないものとして、金額を入力します。不動産投資計画書Ⅱでは、収支上、満室家賃を基に計算されます。ですが実情に近づけるため、そこは空室率で調整しています。

所在地（登記）

```
*****                                    .
```

ここは登記事項証明書に書かれている所在地番まで入力します。地番が必要な訳は、銀行に融資審査をお願いしますと、銀行は自ら、登記事項証明書を取り寄せます。その便宜のためにも、表示する方が親

切です。地番がわからなくても、単に検討する分には、何ら問題はありません。

　物件概要書には、地番表示はしても、住所をわざと抜いているものも多くあります。それは物件の特定をしにくくし、「場所が知りたければ、問い合わせをしてください。」という不動産仲介業者のメッセージでもあるからです。

住　所

`*****`

　物件の住所を入力します。わからなければわかるところまで入力してください。通常、町名までは地番表示と同じです。ここを入力しますと、『PDF印刷フォーム』の不動産投資計画書Ⅰだけでなく、Ⅱの住所欄にも自動的に表示されるようになっています。

交　通

`***` 線 `**` 駅 徒歩 `**` 分

　最寄り駅の交通機関や駅名、物件までの徒歩所要時間を入力します。たとえば、「地下鉄御堂筋（線）、心斎橋（駅）、（徒歩）5（分）」というような表示の仕方です。そこからバス便の場合は、「○○バス、○○停、徒歩○分」と同じように入力します。バス利用の場合は、必ず入力します。実はここにも意味があります。バス便の場合は、銀行の担保評価額が変わることもあるからです。

土地面積

| *** | m² |

　物件概要書に記載された土地の面積を入力します。公簿面積と実測面積の記載があるときは、実測面積を入力します。単位は「m²」です。

前面路線価

| *** | 千円/m²（国税庁 路線価図参照）

　物件前面道路の路線価を入力します。これは国税庁の発表している最新年度の路線価を、調べて入力します。インターネットで簡単に調べられますので、路線価を調べたことのない人は、一度［http://www.rosenka.nta.go.jp/］を検索して、調べ方を覚えてください。物件概要書には、路線価表示のないものの方が多いでしょうから、これも勉強と思ってやってみてください。物件が二方向以上の道路に面している場合は、路線価の一番高い価額を入力します。通常は、道路幅員の広い方が高くなっています。単位は「千円／m²」です。『基本情報登録』画面では、「前面路線価」の右端のＵＲＬをクリックしますと、路線価図が表示され、路線価を調べられるようにしています。

建築年月

| 西暦 ∨ | **** 年 * 月

　当該建物の建築された年月を入力します。まず西暦か和暦を選択し、「〇〇」年「△△」月と入力します。

間取り等

```
*****
```

　当該物件の間取りを入力します。たとえば、「1階店舗、2階ワンルーム5戸、3階1LDK3戸、駐車場3台」というように入力します。

建物延床面積

```
***  ㎡
```

　ここでは物件概要書の建築延床面積を入力します。通常、登記事項証明書記載の面積が掲載されています。各階ごとの面積がわかる場合は、その数値を入力します。わからなければ延床面積だけでも構いません。単位は「㎡」です。

構　造

```
鉄筋コンクリート造　▽　　*　階建
```

　当該建物の構造を表示します。▽をクリックしますと、「鉄骨鉄筋コンクリート造、鉄筋コンクリート造、鉄骨造、軽量鉄骨造、木造」の表示が出ます。その中から該当する構造を選択します。

用途地域

```
第1種低層住居専用地域　▽
```

　物件所在地の用途地域を表示します。▽をクリックしますと、12種類の用途地域から選択できるようにしています。物件概要書に記載された用途地域を選択してください。物件概要書に記載のない場合は、

とりあえず住居系地域のどれかを選択し、後日確認して修正します。選択肢は次のとおりです。

「第一種低層住居専用地域・第二種低層住居専用地域・第一種中高層住居専用地域・第二種中高層住居専用地域・第一種住居地域・第二種住居地域・準住居地域・近隣商業地域・商業地域・準工業地域・工業地域・工業専用地域」

建蔽率

`** %`

　物件概要書に記載の数値を入力します。記載のない場合、住居系地域なら大体60％です。単位は「％」です。

容積率

`*** %`

　物件概要書に記載の数値を入力します。記載のない場合、住居系地域なら大体200％です。単位は「％」です。

ライフライン

`電気・上水道・下水道 ▽　都市ガス ▽`

　ライフラインの設置状況を表示します。しかし、物件概要書に記載のないものも多く、その場合、ここは飛ばしても構いません。都市部の場合は、ライフラインの整備は行われているでしょうから、「電気・上水道・下水道」、「都市ガス」を▽から選択します。ただし、整備のできていないところもありますから、ここは仲介業者に後日確認

してください。通常入居者がいる物件については、この記載がなくとも、大きく影響を受ける場合は少ないと思います。ここはクリックして該当事項を選択表示するようにしています。

接道状況
一方　▽

　物件土地の接道状況を表示します。▽をクリックして「一方」、「二方」、「二方角地」、「三方」から選択します。

接道方向
＊＊　▽向道路　幅員＊＊　　mに　＊＊　　m接道

　物件がどのように接道しているかを表示します。「○○向道路　幅員○○mに○○m接道」と入力します。向きだけは▽をクリックして選択します。二方に面している場合は二方向とも表示をします。三方以上は二方までの表示で構いません。

　ここまで、入力が終わりますと、画面最下部の　確認　ボタンをクリックします。そうしますと、画面が変わり、その画面の最下部には、　修正　・　登録　ボタンがあります。画面を見て、修正事項のある場合は、　修正　ボタンをクリックします。そうしますと画面が戻ります。そこで、修正入力をしてください。修正事項のない場合は、　登録　ボタンをクリックしてください。これで、『基本情報登録』の入力は完了です。実際に、ご自身で入力体験されますと、意外と簡単だと思われることでしょう。では、引き続き『詳細情報登録』画面に移ります。

3．詳細情報登録

　ここでも同じように、上から順番に、登録事項を入力していきます。

固定資産税評価額（土地）

| ***** 千円 | 土地評価参考価額 | ***** 千円 |

固定資産税評価額（建物）

| ***** 千円 | 建物評価参考価額 | ***** 千円 |

　土地と建物の固定資産税評価額をそれぞれに入力します。これは登録免許税や不動産取得税を計算するために必要なのです。

　一般的には、物件概要書に固定資産税評価額の記載されていないものも多く、そのため、物件概要書を提供している仲介業者に、問い合わせをしなければなりません。素早く回答をくれる場合はいいのですが、そうではないこともあります。この間の経過時間は無駄になります。

　そのような場合のことも考慮し、評価額がわからないときは、「固定資産税評価額を推定する」ということにしています。

　どのようにしたかといいますと、土地の評価額は路線価より推定し、建物は積算価額を基に経年劣化を考慮して独自の計算式をもって計算しています。

　もちろん誤差は出ます。この数値は物件の仕様により、また行政によって異なります。ですから正確ではありません。でも誤差は、大体１割から２割の範囲内に収まりますので、事前に収支を組んで、大まかに物件価値を検討するだけなら、大きな支障にはなりません。収支

を組んで、興味を持てれば、固定資産税評価額を改めて確認すれば済むことです。

人よりいかに素早く、いかに物件価値を判断するかで、あとの行動が変わるのです。

固定資産税評価額を確認するには、その物件の仲介業者に電話を入れるなり、出向くなり、メールで問い合わせをしなければなりません。自らが検討しているということを、知られたくない、あるいは聞くのも面倒というケースもありますね。ですから、物件概要書だけで不動産投資計画書を作れるというのは、大いに時間の節約にもなりますし、物件価値を素早く見抜く勘を養うことにも役立つのです。

私の場合、これまで何百回と不動産投資計画書を作成してきましたので、その経験で物件概要書を見れば、不動産投資計画書を作成するまでもなく、ある程度、物件の選別をすることができるようになっています。

固定資産税評価額入力欄中央の「評価参考価額」が「推定値」です。実額のわからないときは、とりあえずこの数値を入力します。

物件概要書には、売買価額の総額表示だけで、土地と建物の価額区分の表示のないものが多々あります。建物価額がわかりませんと、建物減価償却費の計算ができません。そのためこのようなケースでは、合理的な算定方法の一つとして、売買価額を固定資産税評価額を基に、暫定的に土地価額と建物価額に按分するという方法をとっています。

その按分価額は、次の『融資関連情報』画面で、按分された建物価額を入力するようになっています。

固定資産税額（土地）都市計画税を含む

| **** 千円（年税額） 土地税額参考価額 **** 千円 |

固定資産税額（建物）都市計画税を含む

| **** 千円（年税額） 建物税額参考価額 **** 千円 |

　土地・建物各々別個に、固定資産税額と都市計画税の合計額を入力します。同じように、その額がわからないときは、画面上の「参考価額」をそれぞれに入力します。

火災保険料

| ** 千円　　　火災保険参考価額　　** 千円 |

　年額火災保険料の額を入力します。通常、物件の引渡し時までに火災保険契約をします。火災保険料は、物件の規模・構造・エリアによって異なります。実額を入れるのが基本ですが、損害保険会社かその代理店に聞かないと、その額もわからないでしょう。ですからとりあえずは、画面表示された参考価額の数値を入力します。実際に支払う額よりは若干高くなるように計算しています。

持回り保証金

| *** 千円 |

　保証金が持ち回りになっている場合に、その金額を入力します。これは関西圏独特の慣習で、保証金の返済債務を、金銭授受をせずに、その「返済債務だけを売主から買主に引き継ぐ」というものです。関西圏以外での取引では、ここの入力は必要ありません。関西以外の地

域では、返済債務相当額を決済代金より差し引きますね。関西では契約金額（売買価額）の中に、これを含めないのです。

　そのため、税務上はこの金額を土地建物の価額に按分して、取得価額に加算するのです。これは建物減価償却費の計算にも影響しますので、省略しないでください。また、建物取得価額への加算は自動計算にしています。

リフォーム費用

　　　　　　　　千円　（本物件取得後、直ちにリフォームが必要な場合のみ入力）

　通常物件概要書に記載されることはありません。ここはご自身で当該物件を見に行った上で、必要と思われた場合に、その費用を予測して入力します。予測できないときは、未入力のままで構いません。

仲介手数料

◉自動計算　　○実額入力　　　　　　　千円

　正規手数料を支払う場合は、自動計算を選択し、それ以外の場合は、実額を入力します。自動計算の算式は（消費税抜きの売買価額×0.03＋6万円）＋消費税額です。

管理費

5　　　　　　％　（共益費込みの現状家賃収入に対する割合）

　管理会社に支払う管理料を入力します。入居者管理や運営にかかる費用です。当然管理内容によっても変わります。目安は3％〜8％ぐ

らいと思います。ご自身で管理運営をされる場合はゼロでも構いません。管理費がわからなければ一応「5」％と入力します。これは家賃に対する割合で表示します。

修繕費

| 4 | ％（共益費込みの満室家賃収入に対する割合） |

　これは経常的に発生する修繕費のことです。たとえば共用廊下の蛍光灯換え、エレベーターの部品の交換や修繕、その他共用部分の修理等にかかる費用を見積もって、家賃に対する割合で表示します。目安は家賃の3～5％です。わからないときは「4」％と入力します。

融資関係費

| 86 | 千円 |

　銀行から融資を受けるときに通常必要とされる費用です。銀行によって、あるいは融資額によっても若干の差はあります。これは初年度費用に含まれます。目安は「86」千円です。わからないときはそのまま入力します。

司法書士手数料

| 150 | 千円 |

　これも初年度費用に含まれます。所有権保存登記や抵当権設定登記の手続にかかる費用です。エリアによって、また、司法書士によって多少のばらつきがあります。ここは後日、司法書士から見積りを取れ

ば、はっきりしますが、現時点でわからないときは、融資ありのときの目安金額「150」千円を、そのまま入力します。

エレベーター保守費

| 40 | 千円／月　（税抜金額を入力） |

　エレベーターありのときは、通常、毎月エレベーター保守点検費用がかかります。その金額を入力します。メンテナンス費用や部品の交換費用は修繕費で賄います。建物が建ったときから、フルメンテナンス契約をされている物件の場合は、そのままその契約を引き継ぐことをお勧めします。

　エレベーターは古くなるに従って、メンテナンス費用も多くなります。ロープの交換とかになりますと、一時的に出費も嵩みます。でもフルメンテナンス契約の場合、毎月の保守費用は高くなりますが、部品の交換や修繕はエレベーターの保守会社負担で行うことになりますので、トータルとしてはフルメンテナンス契約を引き継ぐ方が、得になるケースも多いのです。ただし、いったん、一部メンテナンス契約にしてしまいますと、通常、フルメンテナンス契約に戻すことはできないケースが多いので、注意が必要です。

　売主が一部メンテナンス契約をしている場合で、保守費用が高く感じるときは、メーカーとは関係のない独立系のエレベーター保守業務を行っている企業から、見積りを取ってみてください。費用が下がるケースもあります。目安は30千円～70千円です。物件の規模にもよりますが、わからないときは「40」千円と入力しておきます。一般的に、独立系の企業の方がメンテナンス費用は安いように感じます。

その他費用

| 50 | 千円／月　（税抜金額を入力） |

　どこにも入らない費用をここで入力します。一般的には、共用部分の電気代や水道代、経常清掃費、特別清掃費（年１～２回）、植栽手入れの費用（年１～２回）、受水層点検清掃費（年１回）、消化設備の点検費（年２回）等を予測し入力します。わからないときは目安として「50」千円／月と入力します。

修繕積立金

| 0 | ％　（共益費込みの満室家賃収入に対する割合） |

　自己資金の少ない人は、将来の大規模修繕に備えて資金を積み立てておくことも必要です。そのために税引き後の金額を積み立てます。ここは賃料の何％という形で、積立率を設定するようになっています。特に長期間大規模修繕がされていない場合は、それへの備えは必須です。自己資金で対応する場合は、ここはゼロ表示でも構いません。

土地の時価

| *** | 千円／㎡ |

　ここでは更地の㎡当たりの実勢価額を入力します。当該物件周辺の、更地取引の事例による土地価額を入力するのですが、わからないときは入力不要です。ここを入力しますと、不動産投資計画書Ｉで、「物件の時価見積額」を表示するようになっていますので、売買金額の妥当性の判断ができます。入力しないとそれは算出されません。

家賃下落率

1〜5年	6〜10年	11〜15年	16〜20年	21年以上
1	1	1	1	1

　家賃下落率を予測して入力します。上昇することもあるかもしれません。あくまで下落を前提とした予想値です。ここでは、前年度家賃に対する下落率を表示しています。5年ごとに設定できます。エリアの事情によって当然変わってきます。ですから、勘を働かせて数値を入力します。それでもわからないときは、一応、「1」％と入力しておきます。1％と入力しますと、毎年対前年の1％下落します。

空室率

1〜5年	6〜10年	11〜15年	16〜20年	21年以上
5	6	7	8	10

　空室率を予測して5年単位で入力します。これも予想値です。たとえば、1〜5年「5」％、6〜10年「6」％、11〜15年「7」％、16〜20年「8」％、20年以降「10」％と入力するのです。現状空室率を参考にして、自由に設定してください。

周辺利便施設の状況

*****

　ここは銀行さんに見て頂く際に、参考にしてもらうための表示です。初期の検討段階では必要ありません。入力の内容としては、たとえば「徒歩5分圏に病院、スーパーあり」のように、当該物件の周辺

環境がわかるような事項を記載します。これは、当該物件の「比較優位性」を示すことを目的としています。一般的に融資審査の担当者が、現地に行くことはありません。ですから、物件概要書に記載がなくとも、自分で現地に行き、周辺エリアを歩いて確認することをお勧めします。

　ここまで、入力が終わりますと、先ほどと同じように、画面最下部の 確認 ボタンをクリックします。画面が変わりましたら、その画面の最下部には、 修正 ・ 登録 ボタンがあります。画面を見て、修正事項のある場合は、 修正 ボタンをクリックします。画面が戻りますので、修正入力をしてください。修正事項のない場合は、 登録 ボタンをクリックしてください。これで、『詳細情報登録』の入力は完了です。では、引き続き『融資関連情報登録』画面に移ります。

4．融資関連情報登録

ここでも同じように、順番に登録事項を入力していきます。

建物価額

| ***** 千円 | 建物参考価額 | ***** 千円 |

先ほど、固定資産税評価額のところで触れましたが、売買価額の内訳が表示されていないケースも多々あります。建物価額がわかりませんと、減価償却費の計算ができません。

そのため建物価額と土地価額の内訳は必要になります。ここに「建物参考価額」が表示されています。これが固定資産税評価額按分による建物価額です。消費税は除いて表示しています。減価償却費の計算は自動的に消費税も加算して行っています。建物価額のわからないときは、とりあえずこの価額を入力してください。

土地価額

| 建物価額で自動計算されます。 | 土地参考価額 | ***** 千円 |

ここは入力する必要はありません。建物価額を入力しますと、自動計算するようになっています。金額の表示はありませんが、不動産投資計画書Ⅰには表示されます。

積算価額

| ***** 千円 |

収益還元価額

***** 千円

　積算価額と収益還元価額は、入力の必要はありません。これまでの入力事項を基に、自動計算して表示しています。これは後の「借入金額をいくらにするか」を、検討するときに必要となる数値です。

借入可能限度額

借入期間	** 年以内	** 年 ～ ** 年以内	** 年以上
借入可能限度額	***** 千円	***** 千円	***** 千円

　ここも入力の必要はありません。借入期間に応じて、自動計算しています。これを参考に、銀行と融資金額の交渉をします。積算価額と収益還元価額は、担保評価を示しています。この金額の範囲内であれば、借入は可能となります。どちらの価額を担保評価額としてみるかは銀行によっても異なりますし、エリアによっても異なります。全く収益還元価法では担保評価しない銀行もありますし、この両方を足して2で割った価額を担保評価とする銀行もあります。借入可能限度額は物件自体の返済能力から、算定しています。ですから、担保評価の範囲内であれば、個人所得の高い人は、当該物件担保だけで、より高い借入が可能になるということです。

借入可能期間

** 年 * ヶ月

　ここも入力の必要はありません。建物の未償却年数から、この期間を計算しています。銀行借入の最長は通常30年です。ここではそのよ

うに設定しています。ここに表示された期間の範囲内で、借入期間を決めることになります。

借入金額1
***** 千円
借入期間1
** 年 * ∨ ヶ月

　銀行融資の額を予想して入力します。物件取得に際し、いくら融資が受けられるのかわからない方も多いかと思います。仲介業者であってもそれはわからないのです。でも、特定の業者さんは、事前に銀行で物件審査をしてもらい、当該物件でいくらの融資が可能かヒアリングをしています。すなわち、購入者が誰であれ、物件価値で融資額をはじき出すのです。どこの銀行でも対応してくれる訳ではありません。まだまだ人的要素で融資を判断するところの方が多いのです。ですから、これは画期的なことなのです。

　「収益還元価額」・「積算価額」・「借入可能期間」・「借入可能限度額」が自動表示されます。これらは銀行が融資額等を計算するのに使う算定式を、想定して自動計算をしているのです。ですから、銀行と全く同じ金額が出るわけではありません。あくまで参考値とお考えください。

　「借入期間1」に「借入可能期間」を最長として、借入しようとする期間を入力します。先に表示された借入可能限度額が収益還元価額や積算価額より低ければ、この数値を最低限度の借入可能額と考えてください。その上で、より多くの融資を受けようと思われますときは、

銀行と交渉する必要があります。そのときの参考数値は、満室時の借入可能限度額や短期の借入期間に表示された借入可能限度額です。

　当該物件のエリアが収益還元価額を担保評価額としてみるのか、あるいは積算価額を担保評価額としてみるのか、わからないケースが多いと思います。一般的に、当該物件と比較対象となる賃貸マンションの多いエリアの場合は、収益還元価額でみてくれますが、そうでないエリアは積算価額でみられます。収益還元方式を採用するエリアの場合、積算価額が仮に収益還元価額より、高い数値が出たとしても、収益還元価額を担保評価額とします。その関係を簡潔に表示しますと、収益還元方式適用地域：収益還元価額≧実際の借入可能限度額、積算価方式適用地域：積算価額≧実際の借入可能限度額となります。融資額を多くする方法として、追加担保を提供するなら、それは大いに可能です。しかし、できるだけ当該物件を担保として借入れを考えられる方が、不測の事態には備えやすいといえます。

　これらの数値は、某大手銀行の考え方を参考にしていますので、すべての銀行に当てはまるものではありません。特に地方銀行では、収益還元方式で担保評価しないというのが一般的です。また、その大手銀行と全く同じ数値が出るわけでもありません。個人の資産背景や収入、現在の借入額、預金残高等で、融資額も変わってきます。ですから、あくまで参考数値とお考えください。また、エリアや物件によっては予測値が全く合わないケースもあることをご承知おき願います。

返済方法1

◉ 元利均等　◯ 元金均等

　返済方法には2通りあります。元利均等返済と元金均等返済です。一般的には元利均等返済を選択されているようですが、資金に余裕のある人や、将来的には金利が上昇すると予測される人で、変動金利を選択する人は、元金均等返済を選択するのもいいでしょう。ここはクリックしてどちらかを選択するようになっています。

借入金利率1（単位：％）

1～3年	4～6年	7～9年	10～12年	13～15年
.	*.*	*.*	*.*	*.*

　借入金利率を入力します。3年ごとに設定できるようになっています。銀行金利には変動金利、2年固定金利、3年固定金利、5年固定金利、10年固定金利、20年固定金利等があります。融資時にどれを選択するかは自由です。将来予測をして、金利を自分で設定します。5年後の金利も予測することが難しい中で、20年間の金利予測にあまり意味がないかもしれませんが、予測を立てないことには収支が組めませんので、銀行でアパートローンの金利表等をもらって、その数値を参考に入力すればいいでしょう。

| 借入金額2 | ・ | 借入期間2 | ・ | 返済方法2 | ・ | 借入金利率2 |

| 0 | 千円 |

| 0 | 年 | 0 | ∨ | ヶ月 |

◉元利均等 ○元金均等

1～3年	4～6年	7～9年	10～12年	13～15年
0	0	0	0	0

　ここは、銀行融資を2本立てにして借入を行う場合に使用します。たとえば、1億円の融資を5,000万円ずつに分けて、一つは10年固定の元利均等を選択し、もう一つは変動金利の元金均等を利用するというような場合が想定されます。将来の金利上昇リスクを軽減する等の理由で、そのような選択をした場合にここを使うのです。融資を2本立てにするということは、金銭消費貸借契約を別々にするということですから、銀行に提出する書類も多くなります。そのときにかかる印紙も別途必要になります。そのときの印紙税総額が、借入を2本立てにすることで、高くなる場合だけでなく、安くなる場合もあります。どんな場合に安くなるか、印紙税額表をじっくり見てくだされば、そのことに気づかれるはずです。

| 他の課税所得（単位：千円） |

1～3年	4～6年	7～9年	10～12年	13～15年
****	****	****	****	****

　物件購入者の他の課税所得を入力します。ここは当該物件を取得し

たときに、どのように「税引後のキャッシュフローが変わるのか」を、みるために設定しています。通常、物件単体の税引前キャッシュフローを見ている人が多いようですが、実際には、物件取得によって所得税・住民税が当初は減っても、後には多くなっていきます。所得税も住民税も累進課税になっていますので、課税所得金額が増えていきますと、税額も多くなり、キャッシュフローが悪くなるケースもあるのです。そのため、他の課税所得がある場合、それと当該物件から生まれる所得を加算し、実効税率（所得税率と住民税率を足したもの）を求め、当該物件取得後の税額を見る必要があるのです。このとき、ここに入力する金額は、給与所得者の場合、給与収入でも給与所得控除後の金額でもなく、扶養控除等の所得控除をした後の課税所得金額であることです。確定申告をされている人は、税率をかける基となる金額が課税所得金額です。物件を取得することで、サラリーマンの方なら、給与にかかる税金も増えることになるケースもあります。この欄は3年ごとに、将来の課税所得を予測して入力することになっています。たとえば、現在50歳としますと、10年後には定年を迎え、一般的にそれ以降は課税所得金額が低くなるケースが多いでしょう。ご自身の事情に合わせて予測値を入力してください。課税所得に対する所得税と住民税の合計額（実効税額）が自動計算されて、不動産投資計画書Ⅱ（収支＆CFシート）にその額が表示されます。

　ここまで、入力が終わりますと、先と同じように、画面最下部の 確認 ボタンをクリックします。修正事項のない場合は、登録 ボタンをクリックしてください。登録はすべて完了です。

　以上で、不動産投資計画書の「登録フォーム」の完成です。これで

「不動産投資計画書ⅠとⅡ」が自動的に作成されます。いかがでしたでしょうか？　簡単でしたでしょう。それとも難しかったですか？

　難しいと思われた方は、たぶん数値の予測に慣れてないからだと思います。この数値の予測の仕方で、収支は大きく変わってきます。この数値を的確に予測するには経験を積むしかありません。何度も不動産投資計画書を作成しますと、自然と予測することに慣れてきます。既に収益不動産を所有されている方は、実際の数値を入れてシュミレーションして頂くと、より理解が深まるはずです。是非、試していただきたいと思います。そうすれば、きっと今まで気づかなかったことが見えてくるでしょう。

　では、次にこれまでの入力事項により、でき上がった「不動産投資計画書Ⅰ」からみていきましょう。登録フォーム『融資関連情報登録』の入力完了後、「登録」ボタンをクリックすると、すぐさま「不動産投資計画書Ⅰ」の画面に変わります。

5．不動産投資計画書Ⅰ

和合 実のトレジャー発見　　不動産投資計画書Ⅰ

1	作成日	2008/01/01						
2	物件名	*****						
3	物件種別	収益マンション一棟		地　区	東京都心部			
4	物件価額	***** 千円						
		土地価額：***** 千円		建物価額：***** 千円		消費税額：*** 千円		
5	所在地(登記)	*****						
6	住　所	*****						
7	交　通	*** 線 *** 駅 徒歩 * 分		バス　停　徒歩　分				
8	土地面積	*** ㎡		前面路線価	*** 千円			
9	固定資産税評価額	土地・建物総額 ***** 千円		土地：***** 千円		建物：***** 千円		
10	固定資産税額等	土地・建物総額 *** 千円（都市計画税を含む）		土地：*** 千円		建物：*** 千円		
11	建物延床面積	*** ㎡	1F：*** ㎡　2F：*** ㎡　3F：*** ㎡　4F：*** ㎡　5F：*** ㎡					
			6F：*** ㎡　7F：*** ㎡　8F：*** ㎡　9F：*** ㎡　B1：*** ㎡					
12	建築年月	西暦 **** 年 * 月		構　造	鉄筋コンクリート造　* 階建			
13	間取り等	*****						
14	建物償却年数	** 年		設備償却年数	** 年			
15	用途地域	第1種低層住居専用地域		建蔽率・容積率	** %・*** %			
16	電気・水道	電気・上水道・下水道		ガ　ス	都市ガス			
17	接道状況	一方		** 向道路　幅員 ** mに * m接道				
				向道路　幅員　mに　m接道				
18	周辺利便施設の状況	*****						
19	積算価額	***** 千円						
20	借入可能限度額	***** 千円		収益還元価額	***** 千円			
21	借入可能期間	** 年 * ヶ月		時価見積額	***** 千円			
22	持回り保証金			（建物取得費加算：*** 千円）				
23	リフォーム費用	0 千円						
24	現状家賃(共益費込)	*** 千円/年		満室家賃(共益費込)	*** 千円/年			
25	初年度支出合計	**** 千円		初年度費用合計	**** 千円			
26	仲介手数料	【税抜物件価額×3％+6万円】+税		（建物取得費加算：*** 千円）				
27	売買契約書印紙	** 千円	（建物取得費加算：** 千円）	司法書士手数料	*** 千円			
28	金消契約書印紙	** 千円		融資関係費	** 千円			
29	登録免許税	*** 千円	【内訳　登録免許税土地：**千円　登録免許税建物：**千円　登録免許税融資：**千円】					
30	不動産取得税	*** 千円	【内訳：不動産取得税土地：**千円　不動産取得税建物：**千円】					
31	管理費	** 千円/年	現状家賃/年 × ** %+税	修繕費	*** 千円/年	満室家賃/年 × ** %+税		
32	エレベーター保守費	*** 千円/年	月額 **千円×12+税	火災保険料	** 千円/年			
33	その他費用	*** 千円/年	月額 **千円×12+税	修繕積立金	*** 千円/年	満室家賃/年 × ** %+税		
34	家賃下落率	1～5年	6～10年	11～15年	16～20年	21～25年	前年度家賃に対する下落率	
		* %	* %	* %	* %	* %		
35	空室率	1～5年	6～10年	11～15年	16～20年	21～25年	各年の空室率	
		* %	* %	* %	* %	* %		
36	総投資額	***** 千円		5年度実効税率	** %（4～6年度 他の課税所得：**** 千円）			
37	総借入金額	***** 千円		自己資金額	***** 千円			
38	借入1	***** 千円		借入期間1	** 年 * ヶ月　（元利均等）			
39	借入金利率1	1～3年	4～6年	7～9年	10～12年	13～15年	16～18年	19年以降
		. %	*.* %	*.* %	*.* %	*.* %	*.* %	*.* %
40	借入2	0 千円		借入期間2	0 年 0 ヶ月　（元利均等）			
41	借入金利率2	1～3年	4～6年	7～9年	10～12年	13～15年	16～18年	19年以降
		0.00 %	0.00 %	0.00 %	0.00 %	0.00 %	0.00 %	0.00 %
42	他の課税所得	1～3年	4～6年	7～9年	10～12年	13～15年	16～18年	19年以降
		**** 千円	**** 千円	**** 千円	**** 千円	**** 千円	**** 千円	**** 千円
43	表面利回り	**.** %	【現状家賃/年÷総投資額】	キャップレート	*.** %	【NOI÷(総投資額-初年度費用)】		
44	DSCR	*.**	【NOI÷(年間元利返済額)】	LTV	*.** %	【借入額÷物件価額】		
45	CCR	*.** %	【税引前CF÷自己資金】	自己資金回収期間	** 年	【税引後自己資金累計額≧自己資金】		

画面右端上部に、「PDF印刷」というボタンがありますので、ここをクリックしてください。PDFによる画面が出ます。これはＡ４サイズで印刷できるようになっています。その印刷されたものを基に説明していきます。

標題は『和合実のトレジャー発見　不動産投資計画書Ⅰ』です。各項目の左端には行番号を打っています。

各項目には、登録フォームで入力、あるいは選択した通りの記載事項や数値が表示されています。登録フォームで入力していなくとも、ここに表示されているものとして次の項目があります。④物件価額の消費税額、⑨固定資産税評価額の土地・建物総額、⑩固定資産税等の土地・建物総額、⑭建物償却年数（これは税務上の耐用年数になります）、設備償却年数（これも税務上の耐用年数です）、⑲積算価額、⑳借入可能限度額・収益還元価額、㉑借入可能期間・時価見積額、㉒持回り保証金の内の建物取得費加算額（持回り保証金の額からこの金額を差引いた額は、土地の取得価額に算入されます）、㉕初年度支出合計｛ここには、㉖仲介手数料（税込）〔自動計算額は（物件の税抜価額×３％＋６万円）×５％で計算された金額です。建物取得費加算額も表示しています。〕、㉗売買契約書に貼付する印紙代（売買金額によって異なる）、司法書士手数料、㉘金銭消費貸借契約書に貼付する印紙代、融資関係費、㉙登録免許税（抵当権設定分を含む）、㉚不動産取得税を含みます。｝、初年度費用合計は、初年度支出合計より㉖仲介手数料と㉗売買契約書印紙を除いたものです。初年度費用合計では、初年度に経費算入ができるものの合計額を表示しています。㊱総投資額、５年度実効税率、㊲総借入金額、自己資金額、㊸表面利回り（ここでは現状家賃／年÷総投資額で計算）、キャップレート〔NOI÷（総投資額－

初年度費用）で計算〕、44DSCR（NOI÷元利金返済額／年で計算）、LTV（借入額÷物件価額で計算）、45CCR（税引前キャッシュフロー÷自己資金で計算）、自己資金回収期間（税引後キャッシュフロー累計額≧自己資金で計算）です。では最初からみていきましょう。

1 作成日

```
2008/01/01
```

不動産投資計画書の作成日が表示されます。

2 物件名

```
*****
```

登録フォームに入力した物件名が表示されます。

3 物件種別

```
収益マンション一棟
```

登録フォームでクリック選択した物件種類が表示されます。

地区

```
東京都心部
```

登録フォームでクリック選択したエリアが表示されます。

4 物件価額

```
***** 千円
```

| 土地価額: | ***** 千円 | 建物価額: | ***** 千円 | 消費税額: | *** 千円 |

総額・土地価額・建物価額・消費税額が千円単位で表示されます。

| 5 | 所在地（登記） |

`*****`

　登録フォームに入力した地番が表示されます。

| 6 | 住　所 |

`*****`

　登録フォームに入力した住所が表示されます。

| 7 | 交　通 |

`*** 線 *** 駅 徒歩 * 分　　バス　停 徒歩　分`

　登録フォームに入力した最寄り駅までの所要時間が表示されます。

| 8 | 土地面積 |

`*** ㎡`

　登録フォームに入力した面積が表示されます。単位は㎡です。

| 前面路線価 |

`*** 千円`

　登録フォームに入力した路線価が表示されます。単位は千円／㎡です。

| 9 | 固定資産税評価額 |

`土地・建物総額　***** 千円　　　　土地： ***** 千円　　建物： ***** 千円`

　土地、建物のそれぞれの固定資産税評価額と総額が表示されます。

10 固定資産税額等

| 土地・建物総額 *** 千円 （都市計画税を含む） | 土地: *** 千円 | 建物: *** 千円 |

　土地、建物のそれぞれの固定資産税額（都市計画税を含む）と総額が表示されます。

11 建物延床面積

| *** m² | 1F: ** m² | 2F: ** m² | 3F: ** m² |

　登録フォームに入力した面積が表示されます。単位はm²です。

12 建築年月

| 西暦 **** 年 * 月 |

　登録フォームに入力した年月が表示されます。

構　造

| 鉄筋コンクリート造　　＊階建 |

　登録フォームでクリック選択した物件の構造が表示されます。

13 間取り等

| ***** |

　登録フォームに入力した間取り等が表示されます。

14 建物償却年数

| ** 年 |

　税務上の減価償却残存耐用年数を表示します。この年数で償却額を計算します。

設備償却年数

```
** 年
```

　建物価額をそのまま建物減価償却費として計算する人も多いかと思いますが、設備も建物価額に含まれますので、償却を早くするために建物本体価額と設備価額に按分します。その設備価額を償却する年数を表示します。

15 用途地域

```
第1種低層住居専用地域
```

　登録フォームでクリック選択した用途地域が表示されます。

建蔽率・容積率

```
** % ・ *** %
```

　登録フォームに入力した数値が表示されます。

16 ライフライン

```
電気・上水道・下水道
```

```
都市ガス
```

　登録フォームでクリック選択したライフラインの敷設状況が表示されます。

17 接道状況

```
一方                    ** 向道路　幅員 ** mに * m接道
```

　登録フォームでクリック選択した接道状況が表示されます。○○向き　幅員○○mに○○m接道と表示されます。

| 18 | 周辺利便施設の状況 |

`*****`

登録フォームに入力した内容が表示されます。

| 19 | 積算価額 |

`***** 千円`

自動計算します。積算方式による担保評価額を表示します。

| 20 | 借入可能限度額 |

`***** 千円`

　自動計算します。銀行からの借入可能限度額を表示します。これと借入額とは一致しないこともあります。当該物件のみを担保とする場合、登録フォーム中で説明したように、収益還元価額≧借入可能限度額、あるいは積算価額≧借入可能限度額の範囲内が、実際の借入金の上限額となります。

| 収益還元価額 |

`***** 千円`

自動計算します。収益還元方式による担保評価額を表示します。

| 21 | 借入可能期間 |

`** 年 * ヶ月`

当該物件での借入可能期間が自動的に表示されます。

時価見積額

***** 千円

　ここも自動計算します。「土地の時価」を入力していない場合は、ここは表示されません。

22　持回り保証

*** 千円	（建物取得費加算：　*** 千円）

　関西圏の場合、登録フォームに入力した入居者の退去時に返済する保証金額が表示されます。この内、建物取得費加算額を自動計算します。この額も減価償却の対象になるということです。

23　リフォーム費用

0 千円

　すぐにでもリフォーム工事を必要とする場合の、リフォーム工事見積額が入力通り表示されます。

24　現状家賃（共益費込）

*** 千円/年

　登録フォームに月額あるいは年額の家賃をどちらか一方を入力すると、ここでは年額の家賃が表示されます。

満室家賃（共益費込）

*** 千円/年

　同じく登録フォームに月額あるいは年額の満室時家賃をどちらか一方を入力すると、ここでは年額の家賃が表示されます。

| 25 | 初年度支出合計 | （ここには、以下のものが含まれます。）

`**** 千円`

| 26 | 仲介手数料

`**** 千円` 　【税抜物件価額×3％+6万円】+税　（建物取得費加算：　*** 千円）

　自動計算額は（物件の税抜価額×3％+6万円）+5％で計算された金額です。建物取得費加算額も表示しています。これも減価償却の対象になるということです。

| 27 | 売買契約書印紙代 | ：自動計算され表示されます。

`** 千円` 　（建物取得費加算：　** 千円）

　　　| 司法書士手数料 | ：登録フォームに入力した金額が表示されます。

`*** 千円`

| 28 | 金消契約書印紙 | ：自動計算され表示されます。

`** 千円`

　　　| 融資関係費 | ：登録フォームに入力した金額が表示されます。

`** 千円`

| 29 | 登録免許税 | ：自動計算され表示されます。（抵当権設定分を含む）

`*** 千円`　【内訳 登録免許税土地：**千円　登録免許税建物：**千円　登録免許税融資：**千円】

| 30 | 不動産取得税 | ：自動計算され表示されます。

`*** 千円`　【内訳：不動産取得税土地：**千円　不動産取得税建物：**千円】

以上が初年度支出合計額の中身です。

初年度費用合計

| **** 千円 |

25初年度支出合計から26仲介手数料と27売買契約書印紙代を除いたものです。これは不動産投資計画書Ⅱの1年度のGその他費用に算入されます。

31 管理費

| ** 千円/年　　現状家賃/年××％＋税 |

登録フォームに入力した満室家賃／年×○％＋消費税額が表示されます。

修繕費

| ** 千円/年　　満室家賃/年××％＋税 |

経常修繕費として、登録フォームに入力した満室家賃／年×○％＋消費税額が表示されます。

32 エレベーター保守費

| *** 千円/年　　月額 **千円×12＋税 |

エレベーターありの場合、登録フォームに入力した金額が表示されます。

火災保険料

| ** 千円/年 |

登録フォームに入力した金額が表示されます。

33 その他費用

| *** 千円/年　　月額 **千円×12＋税 |

登録フォームに入力した金額が表示されます。

修繕積立金

| *** 千円/年　　満室家賃/年××％＋税 |

登録フォームに入力した積立率が表示されます。計算式は満室家賃／年×○％＋消費税額です。

34 家賃下落率

1～5年	6～10年	11～15年	16～20年	21～25年
＊％	＊％	＊％	＊％	＊％

5年ごとに登録フォームに入力した下落率が表示されます。前年度家賃に対する下落率を表示しています。

35 空室率

1～5年	6～10年	11～15年	16～20年	21～25年
＊％	＊％	＊％	＊％	＊％

5年ごとに登録フォームに入力した各年度の空室率が表示されます。

36 総投資額

| ***** 千円 |

ここは自動計算します。物件取得にかかるすべての費用を含み、当該物件を購入するのに総額はいくらかを表示します。

5年度実効税率

`** ％ （4～6年度 他の課税所得： **** 千円）`

　5年度目の実効税率を自動計算し、表示されます。ここには表示されていませんが、不動産投資計画書Ⅱの収支表には各年度ごとの実効税率が自動計算され、税引後のキャッシュフローを表示しています。

37　総借入金額

`***** 千円`

　登録フォームに入力した借入金額の総額が表示されます。

自己資金額

`***** 千円`

　自動計算し、当該物件を購入するのに必要な自己資金額を表示します。

　自己資金額には、物件価額（消費税込み）と融資額との差額と、初年度費用、仲介手数料、持回り保証金、リフォーム費用が含まれています。

38　借入1

`***** 千円`

　登録フォームに入力した借入金額が表示されます。

借入期間1

`** 年 *ケ月 （元利均等）`

　登録フォームに入力した借入期間が表示されます。また返済方法も表示されます。

39 借入金利率１

1～3年	4～6年	7～9年	10～12年	13～15年
＊.＊ ％	＊.＊ ％	＊.＊ ％	＊.＊ ％	＊.＊ ％

　３年ごとの期間と、登録フォームに入力したその間の借入金利率が表示されます。

40 借入２・借入期間２　　41 借入金利率２

０千円

０年０ヶ月（元利均等）

1～3年	4～6年	7～9年	10～12年	13～15年
0.00 ％	0.00 ％	0.00 ％	0.00 ％	0.00 ％

　借入を２つに分けた場合、借入１等と同じように表示されます。金銭消費貸借契約が一つのときは、ここは表示されません。

42 他の課税所得

1～3年	4～6年	7～9年	10～12年	13～15年
＊＊＊＊千円	＊＊＊＊千円	＊＊＊＊千円	＊＊＊＊千円	＊＊＊＊千円

　登録フォームに入力した３年ごとの課税所得の予測額が表示されます。

43 表面利回り

＊＊＊＊％　【現状家賃／年÷総投資額】

　自動計算されます。一般的には満室家賃／年÷物件価額で表示されますが、ここでの計算式は、現状家賃／年÷総投資額です。より実態に合った数値を出しています。

キャップレート （Capitalization Rate）

*.** %　【NOI÷(総投資額-初年度費用)】

　自動計算されます。計算式は、NOI*÷（総投資額－初年度費用）です。売主が当該物件を売却するときには、この初年度費用はかかりませんので、ここではそれを引いて表示しています。不動産投資計画書Ⅱの収支表に売却想定額を表示しています。その関係もあり、この計算式を用いています。

　　＊NOI（Net Operating Income）とは、純収益のことで年間家賃収入－不動産管理費用で計算されます。不動産管理費用とは管理費・修繕費・火災保険料・共用費・固定資産税等の合計額です。支払金利や減価償却費は含みません。

44 DSCR （Debt Service Coverage Ratio）

*.**　【NOI÷(年間元利金返済額)】

　ここは自動計算されます。計算式は、NOI÷元利金返済額／年です。これは融資額の目安を表します。1.25以上を基本に考えています。これの意味するところは、仮に、この数値が1.1なら家賃が10%以上下落したり、空室率が10%以上になりますと、物件の家賃だけでは返済できなくなるということです。

　　＊DSCRとは、元利金の返済カバー率のことです。この数値が低くなりますと、債務不履行（デフォルト）になる可能性が高まります。

LTV （Loan To Value）

*.**％	【借入額÷物件価額】

　自動計算されます。計算式は、借入金額÷不動産価額です。物件価額に対する借入比率を表します。80％以下を目標に考えています。この数値が高くなりますと、当該物件売却時に、借入残高が売却価額＋諸費用を上回る可能性が高まります。特に、短期での物件売却は、売却後も債務が残ることもありえます。フルローンの利用であれば、ここは100％以上になります。ただし、これはそうだからといって、即危険というものでもありません。特に物件を収益性からみて安く購入している場合は、既に含み益を得た状況になりますから、その含み益分を自己資金と考えればいいのです。

45 CCR （Cash On Cash Return）

*.**％	【税引前CF÷自己資金】

　自動計算されます。自己資金収益率のことで、計算式は、税引前年間キャッシュフロー÷自己資金です。2年度の数値で計算しています。自己資金投入額からみた収益性を表します。この数値が高いほど、自己資金の運用利回りが良いことになります。でも高いから、安全というものでもありません。一つの指標と考えてください。物件取得により多くの自己資金を投入しますと、この数値は低くなりますが、その分LTVは低くなり、DSCRは高くなってより安全性は向上することになります。

自己資金回収期間

**年　【税引後自己資金累計額≧自己資金】

　自動計算されます。計算式は、自己資金投入額÷税引後年間キャッシュフロー累計額です。何年で自己資金を回収できるかを表します。すなわち税引後年間キャッシュフロー累計額≧自己資金となる年です。自己資金を早く回収して、次の物件取得にその資金を再使用し、物件数を増やすという手法もあります。それには、収益性が高く安定した物件の取得が必要になります。しかし、物件価額が下落基調にあるときは、自己資金を回収したからといって、安心できるものではありません。いつ売却しても、売却額が借入残高を上回らないと安心はできません。

　以上で、「不動産投資計画書Ⅰ」の説明は終了です。再三出てきました自動計算の部分が、この計画書のミソとなっています。これを手計算で行い、あるいはＡ４サイズにまとめ上げるのは手間のかかることです。しかし、ご自身でそれをされますと、その努力は銀行融資の際に、物件取得の安全性を十二分に説明できるということにつながります。

　ご自身で不動産投資計画書が作れなくとも、銀行融資を受けようとお考えなら、ここでご紹介しました不動産投資計画書の既定値や、言葉の意味だけでも理解されましたら、きっとお役に立つと思います。

　では次に、『和合実のトレジャー発見　不動産投資計画書Ⅱ』をみていきましょう。

6．不動産投資計画書Ⅱ（収支＆キャッシュフローシート）

和合 実のトレジャー発見　　不動産投資計画書Ⅱ

物件名	*****			
住　所	*****			
物件価額	***** 千円		自己資金額	***** 千円
借入1	***** 千円	** 年 * ヶ月（元利均等）	借入2	0 千円　　　0 年 0 ヶ月（元利均等）
初月返済額	*** 千円		当初12ヶ月返済額	**** 千円

収支＆CFシート	初年度	2年度	3年度	4年度	5年度	6年度	7年度	8年度	9年度	10年度
A 家賃収入（共込）	****	****	****	****	****	****	****	****	****	****
B 管理費	***	***	***	***	***	***	***	***	***	***
C 固定資産税等	***	***	***	***	***	***	***	***	***	***
D エレベーター保守費	***	***	***	***	***	***	***	***	***	***
E 火災保険料	**	**	**	**	**	**	**	**	**	**
F 修繕費	***	***	***	***	***	***	***	***	***	***
G その他費用	***	***	***	***	***	***	***	***	***	***
H NOI（純収益）	****	****	****	****	****	****	****	****	****	****
I 減価償却費1	****	****	****	****	****	****	****	****	****	****
J 減価償却費2	****	****	****	****	****	****	****	****	****	****
K 支払利息1	****	****	****	****	****	****	****	****	****	****
L 支払利息2	0	0	0	0	0	0	0	0	0	0
M 税引前利益	****	****	****	****	****	****	****	****	****	****
N 元金返済1	****	****	****	****	****	****	****	****	****	****
O 元金返済2	0	0	0	0	0	0	0	0	0	0
P キャッシュフロー(CF)	****	****	****	****	****	****	****	****	****	****
Q 所得税＋住民税	***	***	***	***	***	***	***	***	***	***
R 修繕積立金	0	0	0	0	0	0	0	0	0	0
S 税引後CF	****	****	****	****	****	****	****	****	****	****
T 税引後CF累計額	****	****	****	****	****	****	****	****	****	****
U 修繕積立金累計	0	0	0	0	0	0	0	0	0	0
V 借入金残高1	*****	*****	*****	*****	*****	*****	*****	*****	*****	*****
W 借入金残高2	0	0	0	0	0	0	0	0	0	0
X 総借入金残高	*****	*****	*****	*****	*****	*****	*****	*****	*****	*****
Y キャップレート	*.**	*.**	*.**	*.**	*.**	*.**	*.**	*.**	*.**	*.**
Z 売却想定額	*****	*****	*****	*****	*****	*****	*****	*****	*****	*****

収支＆CFシート	11年度	12年度	13年度	14年度	15年度	16年度	17年度	18年度	19年度	20年度
A 家賃収入（共込）	****	****	****	****	****	****	****	****	****	****
B 管理費	***	***	***	***	***	***	***	***	***	***
C 固定資産税等	***	***	***	***	***	***	***	***	***	***
D エレベーター保守費	***	***	***	***	***	***	***	***	***	***
E 火災保険料	**	**	**	**	**	**	**	**	**	**
F 修繕費	***	***	***	***	***	***	***	***	***	***
G その他費用	***	***	***	***	***	***	***	***	***	***
H NOI（純収益）	****	****	****	****	****	****	****	****	****	****
I 減価償却費1	****	****	****	****	****	****	****	****	****	****
J 減価償却費2	****	****	****	****	****	****	****	****	****	****
K 支払利息1	****	****	****	****	****	****	****	****	****	****
L 支払利息2	0	0	0	0	0	0	0	0	0	0
M 税引前利益	****	****	****	****	****	****	****	****	****	****
N 元金返済1	****	****	****	****	****	****	****	****	****	****
O 元金返済2	0	0	0	0	0	0	0	0	0	0
P キャッシュフロー(CF)	****	****	****	****	****	****	****	****	****	****
Q 所得税＋住民税	***	***	***	***	***	***	***	***	***	***
R 修繕積立金	0	0	0	0	0	0	0	0	0	0
S 税引後CF	****	****	****	****	****	****	****	****	****	****
T 税引後CF累計額	****	****	****	****	****	****	****	****	****	****
U 修繕積立金累計	0	0	0	0	0	0	0	0	0	0
V 借入金残高1	*****	*****	*****	*****	*****	*****	*****	*****	*****	*****
W 借入金残高2	0	0	0	0	0	0	0	0	0	0
X 総借入金残高	*****	*****	*****	*****	*****	*****	*****	*****	*****	*****
Y キャップレート	*.**	*.**	*.**	*.**	*.**	*.**	*.**	*.**	*.**	*.**
Z 売却想定額	*****	*****	*****	*****	*****	*****	*****	*****	*****	*****

収支＆CFシート	21年度	22年度	23年度	24年度	25年度	26年度	27年度	28年度	29年度	30年度
A 家賃収入（共込）	****	****	****	****	****	****	****	****	****	****
B 管理費	***	***	***	***	***	***	***	***	***	***
C 固定資産税等	***	***	***	***	***	***	***	***	***	***
D エレベーター保守費	***	***	***	***	***	***	***	***	***	***
E 火災保険料	**	**	**	**	**	**	**	**	**	**
F 修繕費	***	***	***	***	***	***	***	***	***	***
G その他費用	***	***	***	***	***	***	***	***	***	***
H NOI（純収益）	****	****	****	****	****	****	****	****	****	****
I 減価償却費1	****	****	****	****	****	****	****	****	****	****
J 減価償却費2	****	****	****	****	****	****	****	****	****	****
K 支払利息1	****	****	****	****	****	****	****	****	****	****
L 支払利息2	0	0	0	0	0	0	0	0	0	0
M 税引前利益	****	****	****	****	****	****	****	****	****	****
N 元金返済1	****	****	****	****	****	****	****	****	****	****
O 元金返済2	0	0	0	0	0	0	0	0	0	0
P キャッシュフロー(CF)	****	****	****	****	****	****	****	****	****	****
Q 所得税＋住民税	***	***	***	***	***	***	***	***	***	***
R 修繕積立金	0	0	0	0	0	0	0	0	0	0
S 税引後CF	****	****	****	****	****	****	****	****	****	****
T 税引後CF累計額	****	****	****	****	****	****	****	****	****	****
U 修繕積立金累計	0	0	0	0	0	0	0	0	0	0
V 借入金残高1	*****	*****	*****	*****	*****	*****	*****	*****	*****	*****
W 借入金残高2	0	0	0	0	0	0	0	0	0	0
X 総借入金残高	*****	*****	*****	*****	*****	*****	*****	*****	*****	*****
Y キャップレート	*.**	*.**	*.**	*.**	*.**	*.**	*.**	*.**	*.**	*.**
Z 売却想定額	*****	*****	*****	*****	*****	*****	*****	*****	*****	*****

ここの画面右端上部にも、「PDF印刷」というボタンがありますので、ここをクリックしてください。同じくPDFによる画面が出ます。これもＡ４サイズで印刷できるようになっています。その印刷されたものを基に説明していきます。

　不動産投資計画書Ⅱでは、30年間の収支とキャッシュフローがわかるようになっており、すべて自動計算されます。ただし、キャップレートだけは、画面上でのみ変更できるようになっています。画面下部のキャプレート変更入力欄がありますので、そこで変更入力します。元のキャップレートに戻したいときは、「キャップレート」の文字の横にある「リセット」ボタンをクリックしますと、元に戻るように設定されています。

　標題に『和合実のトレジャー発見　不動産投資計画書Ⅱ』と表示されています。最上部から、物件名、住所が表示されます。その下に物件価額、購入に必要な自己資金額（関西圏の場合、計算上、持回り保証金額を総投資額に算入しています。ですから、借入額が総投資額に満たない場合、購入時点ではここに表示された自己資金額のすべてが必要という訳ではありません。）、借入時の条件等が表示されます。これらの数値だけで、自分の購入検討すべき物件かどうか、大体の目安になるのではないかと思います。

　そして、収支＆CFシートが表示されます。右横に年度表示が、左下に向かって損益計算書の勘定科目等の項目A～Zが表示されます。そして大きく３段に別れ、各段10年単位で、１年ごとの収支とキャッシュフローを表示しています。では、順番にみていきましょう。

A 家賃収入（共込）

　年間家賃の見込み収入を表示しています。ここには家賃収入や駐車場収入等も含まれます。登録フォームで入力したとおり計算しています。初年度は年の途中で購入した場合、12月末までの計算になります。また家賃収入は、満室家賃を基本にし、登録フォームで設定した家賃下落率や、空室率を控除した数値が表示されますので、年々減少していくことになります。

B 管理費

　年額管理費（税込）が表示されます。登録フォームで家賃収入の何％という設定をしていますので、家賃収入が下がれば管理費も下がるということになります。

C 固定資産税等

　固定資産税と都市計画税の合計額を表示しています。固定資産税評価額は3年ごとに見直しをされます。土地の評価額は上がることもありえますが、ここでは建物の固定資産税のみ、3年ごとに減額させています。

D エレベーター保守費

　月額費用×12＋消費税で計算しています。エレベーターが設置されている物件を購入されたときは、保守メンテナンス費用がかかってきます。

E　火災保険料

　建物に掛ける年間火災保険料です。自動計算式には、風水害による被害にも対応できるような保険を想定して計算していますので、若干割高になっています。保険契約をする前に、損害保険会社から見積りを取って、保障内容と金額を決めてください。

F　修繕費

　登録フォームで入力した数値に基づき、想定年間修繕費が表示されます。

G　その他費用

　登録フォームで入力した数値に基づき、想定年間費用が表示されます。ただし、初年度だけは、物件取得にかかる登録免許税等の初年度費用のうち、経費算入額が加算されていますので、その分数値は大きくなっています。

H　NOI（純収益）

　NOIは年間家賃収入－不動産管理コスト（支払金利、減価償却費を除く）で計算されます。ここでは、A－（B＋C＋D＋E＋F＋G）で計算されています。

I　減価償却費1

　建物本体の減価償却費を表示しています。建物価額は建物本体価額と、建物付属設備に分けて減価償却を行います。一般的には、建物価額をそのまま建物として残存耐用年数で減価償却費を計算されている

人もいますが、投下資金の早期回収という面からいいますと、分離して償却する方が良いと考えています。建物付属設備は税務上、耐用年数が短いため早く償却できます。減価償却費は現金支出の伴わない費用として、経費算入できるため、その分税金は少なくなります。そこで浮いた税金分を貯めて、将来の付属設備の修繕費や取替費用に当てる方が合理的です。また、建物取得価額には建物にかかる消費税や仲介手数料、持回り保証金の建物に対応する部分を加算して計算しています。

J 減価償却費2

建物付属設備（給排水設備や電気設備等）の減価償却費を表示しています。建物本体と建物付属設備の価額割合につきましては、確定申告時までに、顧問の税理士さんに相談して決めてください。特に決まった割合があるわけではありません。中古建物の場合、経過年数も各々異なります。不動産投資計画書では8：2の割合で按分していますが、それが100％正しいとは思わないでください。どのように按分されるかは自己責任で行ってください。

K 支払利息1

年間返済利息額です。元金均等であれ、元利均等であれ、年度を追うごとにこの金額は減っていきます。ただし、当然のことですが、金利が上昇していく過程においては別です。

L 支払利息2

借入を2本立てにした場合は、ここに表示されます。借入が1本の

場合、表示されません。

M 税引前利益

　税務上の所得金額に相当するものです。所得税や住民税を差引く前の利益を表示しています。個人の場合、この金額が年間290万円を超えますと、事業税がかかってきます。（不動産投資計画書では事業税は無視しています。）当初は赤字になるケースが多いと思います。それは初年度費用や減価償却費2があるからです。この間は他に所得がある場合、税務上、損益通算（＊他の所得金額と合算し、赤字の金額を相殺すること）ができますので、税額がその分低くなります。支払い過ぎの場合は還付されることになります。他に不動産所得がない場合、不動産所得の赤字部分に対応する土地の取得に対する支払金利は所得税法上、経費に認めてくれません。そのため、その分だけ赤字額は減ることになりますので、ご注意ください。不動産投資計画書Ⅱでは税引前利益が赤字の場合、税金は0と表現しています。

N 元金返済1

　年間元金返済額です。元金均等の場合は、毎年の返済額は同じですが、元利均等の場合は、年度を追うごとに増加していくことになります。

O 元金返済2

　借入を2本立てにした場合は、同じくここに表示されます。借入が1本の場合、表示されません。

P キャッシュフロー（CF）

当該物件から生じる税引前の手元に残る現金を表示します。借入金額が少ないと、元利金の返済が少なくなるのでCFは良くなります。また同じ借入額でも、返済年数の長い場合や金利が低いと、CFは良くなります。

Q 所得税＋住民税

この物件を取得した場合、毎年かかってくる所得税と住民税の合計額を表示します。所得が高くなると税率も高くなります。特に、実効税率が50％に達している人は、資産管理会社を作って、法人で収益物件を所有することの検討をお勧めします。

R 修繕積立金

登録フォームで、○％と、入力された場合は、ここに自動計算された金額が表示されます。計算式は「満室家賃/年×○％＋税」です。

S 税引後CF

キャッシュフローから税金を差し引いた金額が表示されます。このとき、登録フォームで、「他の課税所得」を入力しなかった場合は、当該物件単体での税引後CFが表示されます。それを入力した場合は、その分と併せて税金を計算しますので、当該物件から生じる所得にかかる税金だけでなく、所得が黒字の場合、他の所得と合算され、他の所得にかかる税金も増えることになります。その税の増額分も税引後CFに反映させていますので、よりCFはより悪くなります。しかし、これが実態なのです。ここが実は重要なポイントです。ここが赤字と

いうことは、自己資金の持ち出しを意味します。その場合、物件取得をしても裕福感はありません。反対に、資金繰りに手を焼くということも考えられるので、見た目のキャッシュフローだけで判断しますと、後悔することにもなりかねません。

T 税引後CF累計額

　年度ごとの税引後CFを毎年加算していきます。年々の税引後CFを貯蓄するという想定です。CFがマイナスになりますと、累計額は減少します。累計額の赤字は自己資金の更なる投入を意味します。ここが赤字になる収支では銀行も融資をしづらくなります。そのため黒字になるような条件として、物件購入時に自己資金の投入を要求されるのです。大規模修繕が発生しますと、この分を取り崩すことも考えられます。その場合はもっと早く赤字になります。赤字額が最大となる額を余裕資金として貯めておかないと、返済に困るという事態になり得ます。

U 修繕積立金累計額

　年度ごとの修繕積立金を毎年加算していきます。実際に修繕が行われるとこれを取り崩す前提です。修繕積立金累計額と税引後CF累計額の合計額が、手元に残っている金額です。

V 借入金残高1

　当初借入金額から、年度ごとの元金返済額を差し引いた金額を表示します。

ご記入後、よく乾いてから

プライバシー保護のため
ハガキにこのシールを貼って、返信ください。

W 借入金残高２

借入が２本立ての場合、ここにも表示されます。

X 総借入金残高

借入金残高１と借入金残高２の合計額が表示されます。

Y キャップレート

　実質利回りを表示しています。一般的にこの数値の高い方がいいのですが、実際にはエリアにより、求められるキャップレートは異なります。また物件が古くなりますと、求められる数値は高くなります。ここでは初年度キャップレートをすべての年度に表示していますので、売却の時は、年度に応じたキャップレートに置き換えて売却額を検討する必要があります。画面一番下で任意のキャップレート（数値）を入力しますと、不動産投資計画書Ⅱの売却想定額の数値のみが自動的に変更されます。この数値は入力したキャップレートの数値に基づき、算出された売却想定額が表示されるようになっています。

Z 売却想定額

　その年度に売却すると、いくらで売れるかを予測します。家賃が低くなっていきますと、キャップレートが同じなら、売却想定額は低くなります。先ほど言いましたように、築年数が経過してきますと、求められるキャップレートは高くなりますので、売却想定額は年々低くなると予測するのが合理的です。この売却想定額には、売却時の仲介手数料も含むと考えてください。ですから、手取金額はその分低くなります。売却想定額が借入残高を下回りますと、売却しても借金だけ

は残るということになります。年々減価償却をしていきますので、バブル経済の崩壊後のように、償却スピードより物件価額の下落スピードが速い場合、売却損が出ます。すなわち、売却価額は借入残高より高く、またその差額で物件譲渡にかかる所得税・住民税が支払える状況になるように、いつも意識して所有することが必要となります。これが失敗しない不動産所有法です。そうならないときは、リスクが高まっているということです。ですから、毎年一定の時期に、不動産投資計画書を作成してチェックします。危機を事前に察知し、リスク回避を図っていくことが肝要です。ここは「出口」を意識するためにも必要な項目です。

7．不動産投資計画書による物件評価

　私は不動産投資計画書を作成して、「これは面白い物件かも」と思えた場合にのみ、当該物件を見に行くのです。最初はできるだけ多くの物件を見て、目を養う訓練をすることも確かに重要なことですが、闇雲に見ているだけでは進化がありません。また、多くの物件を見るだけの時間が取れないのが実状です。ですから、一定の基準に当てはまる物件だけを見に行くのです。不動産投資計画書上の数値が良くても、現地に行ってがっかりすることも、まれではありません。私の第一作目の著書『収益不動産所有の極意』に書きました「優良物件の5要素」から判断しますと、「見た目の収支が良いのは現状だけで、数年後にはそれは望めない」という判断になったり、「売却するために作られた収支合わせの物件」と、感じることもあるからなのです。また、この不動産投資計画書は、融資をする側、すなわち銀行の審査基準から見た計画書でもありますから、良し悪しだけでいいますと、不動産投資計画書では説明のつかない物件というのもあるのです。

　たとえば、収支は非常にいいのですが、アパートローン対象外物件というようなケースがあります。アパートローンというのは住居系の融資を扱うものですから、それ以外は対象外となっています。そのため、SOHO物件であったり、事務所物件、あるいは店舗物件は対象外になります。外観からはマンションのように見えるのですが、登記を調べますと、店舗・事務所になっているようなケースがそれです。仮に住居利用として可能であっても、登記で融資対象外になることもあるのです。ですから、融資前提の人は良い物件だと思っても、融資がスムーズにいかないことで諦めざるを得ないことにもなります。自分の買える物件というものがわかっている人は、効率よく物件を探すこ

とができます。最初から無理をすることはありません。そこをしっかり踏まえて物件探しをすることです。しかし実際には、求める物件をはっきり言える人は少ないように感じています。

　物件の評価をするときに、購入者の所得を無視して計算をしますと、税引後のCFが全く違います。ここに落とし穴があります。収益不動産を取得して、「何に一番気を付けるべきか？」といいますと、それは資金繰りです。すなわち、税引後のCFです。CFが回っているうちは、心配ないのですが、回らなくなったときにどうするのかということを、事前に考えておく必要があります。それは回らなくなってからでなく、回らなくなるかもしれないと予測のついたときです。そうしないと、事は手遅れになってしまいます。これも失敗原因の大きな要素なのです。

　以上が、不動産投資計画書の作成の手法です。ご理解いただけましたでしょうか？　この章では、『Web版　和合実のトレジャー発見不動産投資計画書』の入力の仕方や見方の説明だけでしたから、イメージできなくて読み疲れたという方もいるかもしれませんね。そうでしたら、ごめんなさい。お許しください。次章で、具体的に物件概要書を基に、不動産投資計画書作成していきますから、ここではこんなものかという程度に記憶に留めておいていただければ結構です。もう一度、おさらいをしながら進めていきますから、十分理解できなかったところも、次章でご理解していただけます。ご安心ください。

chapter 3

第3章
事例でみる『不動産投資計画書』

1．数値分析で物件を解体

●物件概要書NO．1

物件名	サンバレイ桃山
物件価額	160,000千円
所在地	京都市伏見区桃山町8－53
交通	近鉄京都線丹波橋駅徒歩3分
土地面積	398㎡
前面路線価	170千円/㎡
延床面積	1,100㎡
構造	鉄筋コンクリート造5階建　共同住宅
建築年月	1985年5月
用途地域	近隣商業地域
容積率	300%
建ペイ率	80%
接道状況	南20m道路に20m接道
間取	ワンルームタイプ・1階の一部店舗
利便施設	大型スーパー徒歩5分、総合病院徒歩8分
現状家賃	1,300千円/月
満室家賃	1,500千円/月
表面利回り	満室時11.25%・現況9.75%（店舗のみ空き）
固定資産税評価額	記載なし
固定資産税額等	記載なし
持回り保証金	1,000千円

事例でみる『不動産投資計画書』

本章ではより理解を深めていただくため、具体的事例を基に説明していきます。しかし、物件自体に似たものはありますが、物件名や所在地、人名等はすべて仮名とし、数値は変更しています。特定しますと問題が発生することもあり得るからです。本章以降の章でもすべて同じような配慮をしています。その点はあらかじめご了承ください。

　では物件概要書を基に、順を追って不動産投資計画書を作成していきましょう。

　まず『基本情報登録』の画面を開きます。そして上から順に入力します。不動産投資計画書の作成日から順に入力していきます〔別冊①参照〕。ここでは、検討日を「2007年6月1日」として入力します。物件名を入力します。「サンバレイ桃山」です。物件種別は「収益マンション一棟」を選択しクリックします。地区は「その他」を選択します。関東圏の都心部以外はすべて「その他」になります。

　物件価額には税込総額を入力します。ここでは160,000千円です。単位はすべて千円です。家賃区分は、ここでは「月額」を選択します。現状家賃（共益費込）「1300」千円／月、満室家賃（共益費込）「1500」千円／月と入力します。不動産投資計画書では満室家賃を基に計算されますので、そこは空室率で調整します。

　所在地（登記）は登記簿に掲載されている地番表示、「京都府京都市伏見区桃山町8-53」と入力します。住所は、ここには記載がありませんから、とりあえず「京都府京都市伏見区桃山町」と入力し、後ほど確認のうえ追加入力します。交通は「近鉄京都」線「丹波橋」駅徒歩「3」分と入力します。土地面積は「398」㎡、前面路線価は「170」千円／㎡を入力します。このとき、路線価がわからないときは、右横

の国税庁路線価図のＵＲＬを掲示していますので、ここをクリックして、ご自身で路線価を調べてください。

　建築年月は西暦を選択し、「1985」年「5」月、間取り等は「ワンルームタイプ・1階の一部店舗」と入力します。建物延床面積は「1100」㎡と入力します。その下の各階ごとの面積は、わからなければ入力の必要はありません。構造は「鉄筋コンクリート造」を選択します。用途地域は「近隣商業地域」を選択し、建蔽率に「80」％、容積率に「300」％と入力します。ライフラインは、物件概要書に記載がありません。記載のない場合は、ここは飛ばしても構いませんが、都市部の場合はライフラインは整備されているでしょうから、ここでは「電気・上水道・下水道」、「都市ガス」を選択しています。ただし、整備のできていない地域もありますから、ここは後日仲介業者に確認してください。接道状況「一方」を選択します。接道方向は「南」向き道路幅員「20」mに「20」m接道と入力します。

　以上で、『基本情報登録』は終了です。終了しましたら、下部の「確認」表示をクリックします。そうしますと、画面が変わり、「修正」「登録」表示が出ますので、入力誤りがなければ、「登録」をクリックします。再度画面が変わり、『詳細情報登録』画面になります。

　では、『詳細情報登録』をしていきます。同じく画面上段からみてください〔別冊②参照〕。固定資産税評価額と固定資産税額（都市計画税を含む）欄には、それぞれ右横の参考価額の数値をそのまま入力します。このとき、固定資産税評価額や固定資産税・都市計画税の実額がわかっていれば、その数値を入力することになります。火災保険料は、物件の規模や構造、エリアや築年数によって異なります。右横の参考価額に「114」千円と出ましたので、とりあえずその数値を入力しま

す。持回り保証金は「1000」千円と入力します。リフォーム費用については、通常物件概要書に記載されることはありません。ここはご自身で当該物件を見に行った上で、必要と思われた場合には費用を予測して入力します。予測できないときは、未入力のままとします。仲介手数料は、自動計算を選択します。たとえば、懇意にしている不動産業者さんで、手数料を安くしてくれるのでしたら、実額を選択し、その金額を入力します。

管理費は管理内容によっても変わります。入居者管理や運営にかかる費用です。わからなければ「5」％と入力します。これは家賃に対しての割合です。一般的に建物管理費には共益費を充てます。修繕費は築年数の経過している物件ほど必要です。ここでは「5」％と入力します。これも家賃に対しての割合です。この修繕費は、共用部分にかかる経常修繕費のことです。融資関係費は目安として「86」千円、司法書士手数料「150」千円と入力します。ここは後日、司法書士から見積りを取ればいいでしょう。エレベーター保守費は当該物件を取得後、エレベーター保守業務を行なっている企業に見積りを取ればいいでしょう。現段階では「40」千円と入力しておきます。その他費用として、共用部分の電気代や水道代、清掃費用等を予測します。ここでは「50」千円／月と入力します。

修繕積立金については、今回改修工事をする都度、資金手当てをするとして、ここは入力しません。土地の時価は取引事例による土地の㎡単価を入力するのですが、わからないときは近隣の不動産業者にヒアリングすればいいでしょう。ここでは、「300」千円／㎡と入力します。

家賃下落率、ここは前年度家賃に対する下落率を表示します。5年

ごとに数値を入れられます。あくまで予想値です。エリアの事情によって当然変わってきます。ですから、勘を働かせて数値を入力します。それでもわからないときは、1％でいいでしょう。ここでも「1」％と入力しておきます。空室率も5年単位で入力できます。これも予想値です。現状空室率を参考にします。ここでは1～5年「10」％、6～10年「10」％、11～15年「12」％、16～20年「12」％、20年以降「14」％として入力しておきます。周辺利便施設の状況は、「大型スーパー徒歩5分、総合病院徒歩8分」と入力します。ここでは当該物件の比較優位を示すことを目的としています。ですから、物件概要書に記載がなくとも、後日自分で現地に行き、周辺エリアを歩いて確認することをお勧めします。すべての入力項目が埋まりましたら、「確認」をクリックします。画面が変わり、内容を確認し、訂正事項がなければ、下部の「修正」「登録」表示の「登録」をクリックします。これで『詳細情報登録』は完了です。

　次は『融資関連情報登録』画面です。同じく上から、項目に沿って入力していきます〔別冊③参照〕。建物価額がわからない場合、自動計算による参考価額が出ます。この数値は消費税額を除いた建物価額です。この数値「85088」千円と入力します。土地価額は建物価額を入力しますと、自動計算しますので、入力欄はありません。積算価額は169,596千円、収益還元価額は148,200千円と表示されています。その数値はこの物件の担保評価額を表しています。借入可能限度額は借入期間によって、その額が変わっています。借入可能期間24年11ヶ月の表示は、この物件の最大借入可能期間です。この期間内で借入が可能ということです。ただし、どこの銀行でもこのように設定しているわけではありません。新築時融資期間を最長30年として、そこから、経過

年数を差引いた期間が借入可能期間としている銀行もあります。

　借入金額1には借入予定額を入力します。ここでは「148000」千円と入力します。何故この金額を入力したかは、後ほど説明いたします。借入を2本立てにする場合は、借入金額2にも入力します。借入期間には、借入可能期間を最長として、借入しようとする期間を入力します。ここでは「24」年「11」ヶ月と入力します。返済方法、ここでは元利均等を選択します。借入金利率は、3年ごとに予測した金利を入力します。単位は％です。5年後の金利も予測することが難しい中で、20年間の金利予測にあまり意味がないかもしれません。しかし、予測を立てないことには収支が組めませんので、一応ここでは、1～3年「2.6」％、4～6年「2.8」％、7～9年「3.0」％、10～12年「3.2」％、13～15年「3.4」％、16～18年「3.6」％、19年以降「3.8」％として入力します。借入金額2・借入期間2・返済方法2・借入金利率2については、融資を2本立てにしていませんので入力は不要です。

　ここに表示された借入可能限度額が収益還元価額や積算価額より低ければ、この数値を最低限度の借入可能額と考えていただいてよいと思います。これらの数値は、某大手銀行の考え方を参考にしていますので、すべての銀行に当てはまるものではありません。特に地方銀行では、収益還元法では担保評価しないというのが一般的です。また、ここに表示された評価額は、大手銀行と全く同じ数値が出る訳でもありません。ですから、あくまで参考数値とお考えください。当該物件のエリアは、収益還元方式のエリアとします。この物件だけを物件担保とする場合、収益還元価額の範囲内での借入となります。ここでは148,200千円となっています。また計算上、借入可能限度額は借入期間が12年以上ですと、124,590千円となっています。ここからが銀行との

融資交渉の始まりです。これ以上の額の融資を受けたい場合は、148,200千円の範囲内であれば融資が可能となるケースがあります。その根拠は、一階の店舗は空きの状態ですが、ここにテナントが入りますと、月額賃料は予想で1,500千円になります。現状家賃のところにこの数字を入力しますと、収益還元価額は171,000千円まで上がるのです。そして借入可能限度額も147,041千円になります。交渉の余地はあるという訳です。

それから借入期間ですが、借入可能期間を限度に自分の年齢を考慮して期間を決めます。自己資金が少ない場合は、できるだけ長期で借入れする方が、キャッシュフローに無理はなくなります。今回は148,000千円まで了解ということにして収支を組みます。この物件を購入するのに必要な自己資金額は23,878千円ということになります。ただし、不動産取得税と持回り保証金の合計額は、物件の引渡時（決済時）に、必要ではありません。そうしますと決済時には、23,878千円－（不動産取得税2,940千円＋持回り保証金1,000千円）＝19,938千円が必要ということになります。不動産取得税は大体取得後、4〜5ヶ月後に納税することとなります。

他の課税所得は、ご自身の課税所得を予測して入力します。未入力の場合は、当該物件単体での課税計算を、不動産投資計画書Ⅱで行うことになります。ここでは未入力とします。最後に「確認」をクリックし、修正事項がなければ、「登録」をクリックします。

以上で、不動産投資計画書の登録フォームの完成です。これで不動産投資計画書ⅠとⅡが自動的に作成されます。ではまず不動産投資計画書Ⅰからみていきましょう〔**別冊④**参照〕。

標題は『和合実のトレジャー発見　不動産投資計画書Ⅰ』です。一番目に不動産投資計画書の作成日が表示されています。以下、登録フォームと連動していますので登録フォームで入力、あるいは選択したとおりの記載や数値が表示されています。また、登録フォームでは表示されていなくとも、ここに表示されているものとして次の項目があります。

[4]物件価額の消費税額：4,255千円、[9]固定資産税評価額の総額：126,768千円、[10]固定資産税の総額：1,369千円、[14]建物償却年数：29年（これは税務上の耐用年数になります。）、設備償却年数：3年（これも税務上の耐用年数です。）、[21]時価見積額：221,336千円（これは土地を更地時価、建物を積算価額でみたときの参考価額です。）[22]持回り保証金の内の建物取得費加算：558千円（これは持回り保証金を土地と建物の対価に按分したものです。）、[25]初年度支出合計：10,878千円〔ここには仲介手数料（税込）：4,969千円〔これは（物件の税抜価額×3％＋6万円）＋消費税で計算された金額です。〕、仲介手数料の内の建物取得費加算：2,775千円（これは仲介手数料を土地と建物の対価に按分したものです。仲介手数料は不動産所得の計算上、一括して経費算入できません。）、売買契約書に貼付する印紙代（売買金額によって異なる。）、登録免許税（抵当権設定分を含む。）、司法書士手数料、不動産取得税、金銭消費貸借契約書に貼付する印紙代、融資関係費を含みます。〕、初年度費用合計：5,829千円〔ここは、初年度支出合計から仲介手数料と売買契約書印紙を除いたものです。計算式は、10,878千円－（4,969千円＋80千円）＝5,829千円となります。〕

[36]総投資額：171,878千円、5年度実効税率：30％（5年目に税率はいくらかを表示しています。他の課税所得を入力した場合、当該不動

産所得と合わせた課税所得に対する税率が表示されます。）、自己資金額：23,878千円、㊸表面利回り：9.08％（現状家賃／年÷総投資額で計算）、キャップレート：7.23％〔NOI÷（総投資額－初年度費用）で計算〕、㊹DSCR：1.44（NOI÷元利金返済額／年で計算）、LTV：92.50％（借入額÷物件価額で計算）、㊺CCR：14.94％（税引前キャッシュフロー÷自己資金で計算）、自己資金回収期間：29年（税引後キャッシュフロー累計額≧自己資金で計算）です。

　この不動産投資計画書Ⅰ（PDF印刷）から、この物件を評価してみましょう。物件価額160,000千円に対して融資額は148,000千円です。諸費用込みで、当初必要な自己資金は約20,000千円です。総投資額に対する自己資金の額は約12％になります。これだけの自己資金を準備するには、金融資産で30,000千円以上は必要になります。不測の事態に備えて、余裕資金が必要だからです。表面利回りは9.08％です。一般的には、満室家賃／年÷物件価額で計算して表示されるケースも多いかと思います。それで計算しますと、物件概要書のとおり11.25％になります。

　そして確認しておきたい事項として、この店舗の空室期間があります。ポイントは空室の店舗にテナントが入るかどうかです。空室状態が1年以上の場合、収益見込みを慎重にならざるを得ません。テナントニーズに合わせるための工夫が必要になります。賃料を下げれば入居が見込めるのであればまだいいのですが、そうでない場合、たとえば賃貸面積を小さくして区画を2つにするとか、コインランドリーを自ら経営するとか、あるいは住居への変更工事をする等、工夫が必要です。費用対効果を考えて検討する必要があります。それともう一つ、ここでは住宅部分は満室となっていますが、戸数、戸当たり面積、間

取り、家賃、共益費を確認する必要があります。その上で、賃料の推移をよく見て、周辺マンションの家賃相場と比較をします。そうすることで、家賃の下落率を予測するのに役立ちます。

　DSCRとLTVをみてみますと、DSCRの目標1.25を超え、1.44ですから当面は心配ありません。しかし、金利上昇と家賃下落や空室率の上昇で、いずれかの年に1.25を下回るようなら返済に負担感が出てくることを覚えておく必要はあります。LTVは80％を超えていましても、DSCRが1.25以上を維持している間は、あまり気にすることはありません。当該物件は92.50％ですが、LTVは一つの目安と考えればいいのです。融資残高に対する売却可能額という点で、この数値をみていくことをお勧めします。

　CCRも14.94％となっていますが、これも当初だけです。賃料の低下とともにこの数値は落ちていきます。この数値は決して高い数値ではありませんが、自己資金利回りとしてみた場合、資金運用のプロでない方は、これでも悪い数値ではないとも思います。賃料の低下予測は、自己資金回収期間が伸びることにもつながります。自己資金を早く回収し、再投資を考えている方には不向きな物件ともいえます。物件の時価見積額は約2.21億円ですから、総投資額を上回ります。すなわち、この物件は、駅からの距離、面積、地形が正方形であること等から考え、更地でのニーズは有りと判断でき、将来的にも当該物件は一定金額以下には下がりにくい物件と思われます。そうしますと、資金的に余裕のある方なら、検討していただいてもいいのではないかと考えられ、購入見込み客の層が見えてきます。

　次に、『和合実のトレジャー発見　不動産投資計画書Ⅱ』（PDF印刷）をみていきましょう〔**別冊⑤**参照〕。上から物件名、住所、物件価額、

自己資金額、借入１、借入２、初月返済額、当初12ヶ月返済額が表示されます。これだけの表示で、自分が購入検討すべきかどうか大体の目安になると思います。そして、収支＆CFシートが表示されます。右横に年度の表示がされ、左下に向かってA〜Zの項目が表示されます。上から順番にみていきます。

A家賃収入（共込）は年間家賃の見込み収入を表示しています。ここには家賃収入と駐車場収入等一切の収入を入れます。初年度は年の途中で購入した場合の表示になっています。これはどの項目も同じです。２年度16,038千円の収入が10年度には14,799千円になっています。ここは登録フォームで設定した家賃下落率や、空室率を反映した数値が表示されますので、年々減少していくことになるのです。

B管理費はＡ×５％＋消費税で計算しています。C固定資産税等には固定資産税と都市計画税の合計額を表示しています。建物の固定資産税等は３年ごとに減額していきます。土地の評価額は上がることもありえますが、ここでは一定にしています。Dエレベーター保守費は月額40千円×12＋消費税で計算。E火災保険料は毎年度一定の114千円としています。F修繕費は満室時家賃×５％＋消費税で計算。Gその他費用は月額50千円×12＋消費税で計算しています。毎年度一定です。ただし、初年度だけは、不動産投資計画書Ｉの初年度費用合計5,829千円をここに算入していますから、その分数値は大きくなっています。HNOIは純収益を表しています。NOI÷家賃収入を計算してみますと、２年度で72.6％であったものが、年々減少し、12年度では70％台になっています。すなわち経費率が高まっているわけですから、そのままにしないで70％を下らないように工夫をしていく必要があるといえます。

I減価償却費１は建物価額のうちの建物本体の減価償却費です。残

存耐用年数は29年で計算しています。J減価償却費2は建物価額のうちの建物付属設備の減価償却費です。残存耐用年数は3年です。建物付属設備の償却年数は新築時より15年ですから、既に償却は済んでいます。でも建物付属設備がない訳ではありませんから、ここでは3年で償却をしています。建物本体と建物付属設備の価額割合につきましては、確定申告時までに、顧問の税理士さんに相談してください。K支払利息1は年々減少していくことになります。ただし、金利が上昇しますと、当然支払利息は増えることになります。L支払利息2は、借入が1本のため、表示されません。

　M税引前利益は税務上の所得金額に相当するものです。当初3年間は赤字になっています。それは初年度費用や減価償却費2があるからです。この間は他に所得がある場合、税務上、損益通算（＊他の所得金額と合算し、赤字の金額を相殺すること）できますので、税額がその分少なくなります。支払い過ぎの場合は還付されることになります。他に不動産所得がない場合、不動産所得の赤字部分に対応する土地の取得に対する支払金利は所得税法上、経費に認めてくれません。そのため、その分だけ赤字額は減ることになりますからご注意ください。不動産投資計画書Ⅱでは不動産所得が赤字の場合、税金は0と表示しています。税引前利益は4年度から黒字に転換します。ここの金額が多くなりますと、それだけ税金も多くなります。N元金返済1は借入金の返済方法が元利均等ですから、年々増加することになります。O元金返済2は借入が1本のため表示されません。Pキャッシュフロー（CF）は借入金の返済が終わるまで年々減少していきます。26年度で借入返済が完了しますので、26年度から急激にCFは多くなります。そして31年度に減価償却費がなくなりますので、NOI＝税引前

利益＝CFということになります。Q所得税＋住民税はこの物件を取得した場合にかかってくる税金です。3年間税金はゼロです。それは先ほど言いましたように、初年度費用と減価償却費2が影響しているからです。4年度からはしっかり税金もかかってきます。税金計算の元になるのが課税所得です。ここでは他の課税所得を入力していませんので、当該物件だけの不動産所得をベースに税金を計算しています。R修繕積立金、ここでは積立てを想定していませんので、0の表示となっています。

S税引後CFは5年度に大きく減少し、14年度から赤字になります。黒字に転換するのは、26年度です。それは借入金の返済が終わり、名実ともにこの物件が購入者のものになったことを意味します。返済が済むまでは、名義が購入者のものでも、抵当権がついている以上、銀行の支配下にある不動産であるとも言えるのです。赤字の間は当該年度だけでみますと、自己資金の持ち出しということです。T税引後CF累計額は年々の税引後CFを貯蓄するという想定です。大規模修繕が発生しますと、この分を取り崩したり、自己資金で賄う必要も出てきます。ここではそれを考慮に入れていません。税引後CFが赤字でも、ここの黒字でカバーできるともいえます。その場合、物件から上がってくるCFは生活費には一切充てないという前提です。U修繕積立金累計額、修繕積立てをしていませんので、ここは0表示となります。V借入金残高1は元金の返済とともに減少していきます。11年度で借入残高が約1億円を切っていますから、ある意味安心です。その理由は後ほどお話します。W借入金残高2、ここは借入が1本のため表示されません。X総借入金残高、借入金残高1と2の合計額が表示されます。Yキャップレートは、初年度のキャップレートをそのまま各年度にスライド表示しています。7.23です。そしてこのキャップレート

を基に[Z]売却想定額を表示しています。仮に11年度でここを9.0にしますと、売却想定額は113,048千円になります。

さてここからが、私のいう「出口からみる」不動産所有法の真髄です。『和合実のトレジャー発見　不動産投資計画書』を使って、10年後のシュミレーションをしてみます〔**別冊⑥参照**〕。以前作成した登録フォームをコピーして、変更入力をします。まず「基本情報登録」画面を開いてください。不動産投資計画書の作成日を10年後の「2017年6月1日」にしてみます。変更する箇所を言います。路線価額は取得時のまま変更ないものとします。固定資産税評価額の建物の部分が変わっていますので、それに併せて、数値を変更します。固定資産税額も変わっていますので変更します。建物は古くなっていますので、評価額も低くなるのです。物件価額はキャップレート9.0で先ほど計算した額を入力します。売却想定額の中には仲介手数料が含まれていますが、ここでは「113000」千円とします。現状家賃は年額欄に「14325」千円と入力します。これは11年度の家賃収入の金額です。満室家賃も同金額を入力します。

次に「詳細情報登録」画面に移ります〔**別冊⑦参照**〕。家賃の下落率は既に10年前より下げた金額を入力していますので、当初5年は0とし、以降毎年1％に変更します。空室率は1～5年0％、6～10年10％、11～15年12％、15～20年12％、21年以降14％とします。

「融資関連情報」画面に移ります〔**別冊⑧参照**〕。その他課税所得は入力しません。10年後の物件単体での検討をするためです。借入額も変更になります。借入可能期間は14年11ヶ月です。収益還元価額が約136,088千円で借入可能限度額が83,907千円です。ここでは借入額を92,000千円とします。借入金利率は1～3年3.2％、4～6年3.4％、7

〜9年3.6％、10〜12年3.8％、13〜15年4％にします。これらの数値を変更し登録フォームを完成させます。不動産投資計画書Ⅰをみてみましょう〔別冊⑨参照〕。

　物件価額113,000千円（消費税込み）の金額は、固定資産税評価額の総額106,077千円とほぼ同額となっています。総投資額122,153千円、借入額92,000千円、自己資金30,153千円です。表面利回りは11.73％、キャップレートは9.26です。このような数字をみますと、売却想定額どおりには売れると思われませんか？

　不動産投資計画書Ⅱをみてみましょう〔別冊⑩参照〕。税引後CFが赤字のところもありますが、税引後CF累計額は15年度を除きずっと黒字になっていますので、これを費消しないのであれば、所有期間中の自己資金の持ち出しはないことになります。もちろん購入者の他の課税所得の額によっては、税引後CF累計額が赤字になることもあるとは言えます。そのことは先の説明のとおりですから、ここでは省略します。

　このシュミレーションを行ったのは、10年後に売却をした場合にどうなるかを検証するためでしたね。売却額が113,000千円です。売却時の持回り保証金1,000千円ですから譲渡対価は114,000千円となります。このときの譲渡益は、物件取得時の土地建物の価額は、土地が70,657千円、仲介手数料の土地対応部分の対価2,194千円、持回り保証金の土地対応部分の対価442千円を足して73,293千円となります。建物の残存価額は減価償却後の帳簿残高です。計算式は、建物価額85,088千円＋消費税額4,255千円＋持回り保証金の建物取得費加算558千円＋仲介手数料の建物取得費加算2,775千円＋売買契約書印紙の建物取得費加算45千円＝92,721千円、92,721千円－10年間の減価償却費累計額44,124千円で、48,597千円となります。73,293千円＋48,597千円＝121,890千円が

帳簿残高となり、114,000千円＜121,890千円で、売却しても譲渡益は発生しないことになります。すなわち、これを売却したときには、売却額113,000千円から借入残高約100,000千円と仲介手数料約3,000千円の合計額103,000千円を差引いた10,000千円が手元に残る計算になります。そうしますと、税引後のCF累計額が18,500千円ですから、これと足しますと10,000千円＋18,500千円＝28,500千円となり、当初自己資金投入額は持回り保証金1,000千円を除くと、22,878千円ですから、28,500千円－22,878千円で約5,600千円残るという計算です。

　これの意味するところは、自己資金22,878千円を10年間投資し、5,600千円貯蓄が増えたということです。この10年間でいい勉強をしたともいえますし、損をしなくて良かったともいえますし、不動産投資は甘くないともいえます。感じ方はさまざまです。ここで私の申し上げたいことは、損を出さない売却額を頭に入れておく必要があるということです。おそらくこの金額よりは高く売れると思われます。家賃がもう少し上がっていれば、売値も上がっていきますし、キャップレートを下げて売却想定額をあげれば、手元に残る額も多くなります。いくらでもシュミレーションはできます。ただし、それで売却が叶えばということですから、最悪のことを考えながら臨むことが、「失敗をしない」ということにつながるのです。

　話を当初の不動産投資計画書Ⅱに戻します。売却想定額はこのように市場で求められるキャップレートによって、変わっていきます。そこを意識して所有するということです。ですから、最低１年に１度は収支の見直しが必要です。儲けることより、損をしないように持つことを心がけてください。そうすれば失敗は防げ、結果的に利益につながると思います。

2．高収入の資産家が出口を視野に入れて検討した物件

● 物件概要書NO．2

物件名	ローズコート宝塚
物件価額	280,000千円
所在地	宝塚市松風園6－191
交通	阪急宝塚線宝塚駅徒歩11分
土地面積	504㎡
前面路線価	120千円/㎡
延床面積	1,007㎡
構造	鉄筋コンクリート造5F　共同住宅35戸
建築年月	平成9年2月
用途地域	第2種中高層住居専用地域
容積率	200%
建ペイ率	60%
接道状況	西6m道路に23m面する
間取	ワンルームタイプ
利便施設	閑静な住宅街に位置する
現状家賃	2,016千円/月
満室家賃	2,205千円/月
表面利回り	満室時9.45%・現況8.64%
持回り保証金	1,400千円

　この物件の購入検討者は資産家の藤村さんです。藤村さんは不動産所得が10,000千円、給与所得が15,000千円の35歳の会社役員です。藤村さんは、相続で不動産を取得され、借入金はありません。生活に派手

なところはなく、預金は年々増えていくばかりです。でも、既に実効税率は50％に達していますので、そこをうまく活用した不動産所有法はないものかと考えておられました。そのときに出会ったのがこの不動産です。藤村さんは先に当該物件を見に行かれていました。物件概要書に書かれてあるとおり、それは閑静な住宅街にあるおしゃれな建物でした。エリア的にはどちらかといいますと、ファミリー向けに人気のあるエリアだと感じます。物件を見て気に入られた藤村さんは、購入検討に入られました。

　それでは、物件概要書に沿って、不動産投資計画書を作成してみましょう〔別冊⑪参照〕。作成方法は先の「サンバレイ桃山」と同じですから、説明を省略します。でき上がった不動産投資計画書を参考に、当該物件の評価をします。

　別冊⑫をご覧ください。この物件の土地と建物の固定資産税評価額は大体1：2です。売主さんは売買価額も固定資産税評価額按分で取引を考えておられるようです。価額が同じであれば、建物対価の大きい方が買主にとっては有利です。減価償却費を多く計上できますので、実効税率の高い藤村さんのような人には好都合です。ワンルーム35戸中現在は3戸空いています。でもこれまでは年間を通じて、95％以上の稼働率を保っているようです。このような場合、空室率を5％とみて、現状家賃は満室家賃でみても構いません。管理費は5％、修繕費は3％、エレベーター保守費は42千円/月、その他費用は70千円/月と設定しました。家賃下落率は現在の家賃設定が周辺相場か、もしくはまだ安いぐらいなので、1～5年を0.5％、6～10年を0.8％、11～15年を1％、以降も1％としました。空室率は当初5％から5年ごとに1％ずつ上げて最大10％と設定しました。

別冊⑬をご覧ください。藤村さんの他の課税所得は20,000千円です。20年間このまま推移すると仮定します。実効税額は10,000千円です。この地域は収益還元方式適用エリアです。借入期間を30年としますと、収益還元価額は229,824千円です。借入可能限度額は222,958千円です。でも、藤村さんのように、不動産所得が10,000千円ほどあるような人で、なおかつ給与収入の高い人は銀行にとっては、融資を是非したいランクの人となります。ついでにいいますと、借入なしで、不動産所得が10,000千円ということは、減価償却費もありますから、税引前キャッシュフローはもっといいはずです。そういうことですから、銀行も融資には非常に前向きです。藤村さんは、税金対策をお考えでしたから、借入は270,000千円の申込みをされました。通常でしたら、それはちょっと難しいところです。でも追加担保なしで、銀行はそれをOKしました。

　それには理由があります。この物件の家賃が相場家賃より低いことと、空室が3戸になったのは一時的なことですから、相場家賃で満室の計算をしますと、収益還元価額は270,000千円を上回るのです。そういう評価をしてまでも、藤村さんは、銀行にとっていい客筋になるということです。何故だかわかりますか？　収入が高いことも理由の一つですが、もっと大きな理由は不動産所得が高いことです。なぜなら仮に、本人が病気で倒れても、これだけの不動産所得があれば、生活に困ることはないと銀行はみているからです。ですから、借入金返済において滞納リスクは少ないと判断できるのです。

　融資を受けて物件を購入し、そこから上がる収入に頼らなくとも生活ができるということは、融資をする側にとっては、優良な融資先ということになります。「借入金利は優遇します」と銀行の方から提示が

ありました。銀行はこのように、融資を受ける人の資産背景や所得に応じて、金利に差を設けています。貸出しリスクの低い人には低金利の提供をしてまでも、富裕層の獲得に力を入れているのです。それは、融資だけにとどまらず、その期間中にそれ以外のビジネスの可能性があるとみているからです。すなわち、金融商品の販売や住宅ローン、取引先の紹介等が期待できるということです。でも、どんな物件でも思うような融資がつく訳ではありません。この物件ならではとみるべきです。先ほど言いましたように、収益還元価額についても、評価額を上げる方法はあります。融資をしたい顧客には、銀行の方で知恵を貸してくれるということです。

では不動産投資計画書Ⅰをみてみましょう〔別冊⑭参照〕。㊱総投資額は297,031千円と出ました。自己資金は27,031千円です。ここでみて頂きたいところは、⑭設備の償却残存耐用年数です。これは6年です。このことから取得後6年間は、設備の償却で税引後キャッシュフローが良くなります。その間に自己資金は回収されていますので、それ以降に売却をして、購入金額より低くとも、(譲渡益にかかる税金＋借入残高＋仲介手数料)＜売却価額であれば、損はしないということです。このことは出口を考える上で、非常に重要なポイントです。不動産投資計画書Ⅱでそこを確かめてみましょう〔別冊⑮参照〕。

⑤税引後キャッシュフローの6年度と7年度では約2,000千円の開きがあります。そうしますと、丸6年経過した7年度で売却を考えますと、譲渡益に対する税率は長期譲渡所得となり、現行税法では実効税率20％で済みます。また年間減価償却費が10,170千円ですから6年で、61,020千円となります。7年度6月末の借入残高は、約228,000千円です。取得価額を算定してみましょう。まず建物ですが、購入価額

は171,887千円、消費税は8,595千円、建物価額に算入する持回り保証金902千円（別冊⑭、不動産投資計画書Ⅰの㉒右端参照）、建物価額に算入する仲介手数料5,551千円（同㉖右端参照）、建物価額に算入する売買契約書印紙52千円（同㉗参照）となり、その合計額は186,987千円となります。

次に土地ですが、購入価額は99,518千円＋土地価額に算入する持回り保証金498千円＋土地価額に算入する仲介手数料3,061千円で、その合計額は103,077千円となります。仮にこれなら売れるという金額で、売却額を250,000千円としてみますと、譲渡益は、売却額250,000千円－（土地取得価額103,077千円＋建物取得価額186,987千円－減価償却費の合計額61,020千円）－仲介手数料約7,800千円＝13,156千円となります。長期譲渡所得の税率は20％ですから、約2,600千円の税金です。これを元に先の式に数値を入れてみます。（譲渡益にかかる税金2,600千円＋借入残高228,000千円＋仲介手数料7,800千円）＜売却価額250,000千円、合計してみますと、238,400千円＜250,000千円ですから、250,000千円－238,400千円＝11,600千円が当該物件売却時に残るキャッシュです。

そして7年度6月末の税引後キャッシュフロー累計額約32,500千円と、初年度には税引前利益が赤字ですから、この金額の半分は税金が減額されていますので、その金額2,231千円を足し、持回り保証金1,000千円を除いた自己資金投入額26,031千円を引きますと、32,500千円＋2,231千円－26,031千円＝8,700千円となります。すなわち、当該物件を取得し儲けた額は11,600千円＋8,700千円＝20,300千円ということになります。また、売却するときにも、保証金は持ち回りにしますので、譲渡益はその分大きくなります。売却価額もこれ以上に高くなる可能性もあります。それは取得後7年目に売却しても、当該物件の残存耐

用年数がまだ30年ありますので、次の購入者も30年ローンを組める物件だからです。以上のことから考えて、藤村さんが出口を視野に入れながら、この物件を購入されてもリスクは少ないと考えられます。収益不動産の購入理由には、このような見方で取得し、所有するという手法もあるという事例です。計算方法にわかりにくい部分があるかもしれませんが、計算式よりも、なぜこの物件が藤村さんにとって良い物件であったのかを理解して頂ければと思います。

3．年金＋αの生活実現を楽しみに持つ物件

●物件概要書NO．3

物件名	グレイス花咲
物件価額	90,000千円
所在地	高槻市花咲町12－53
交通	ＪＲ東海道線高槻駅徒歩12分
土地面積	367㎡
前面路線価	110千円/㎡
延床面積	502㎡
構造	鉄骨造4Ｆ　共同住宅9戸
建築年月	平成6年9月
用途地域	第2種中高層住居専用地域
容積率	200％
建ペイ率	60％
接道状況	東5ｍに11ｍ
間取り	ファミリータイプ（2ＬＤＫ）
利便施設	学校区の良い地域にあり
現状家賃	756千円/月（駐車場9台込）
満室家賃	756千円/月（駐車場9台込）
表面利回り	満室時10.08％・現況10.08％
持回り保証金	800千円

事例でみる『不動産投資計画書』

　この物件の特徴は、学校区の良いエリアにあるファミリーマンションで全住戸に駐車場がついているというところです。建物の構造は鉄骨ですから、築年数の割りに融資期間が伸びませんので、キャッシュ

フローが圧迫されることが予想されます。この物件に興味を持たれたのはサラリーマンの杉元さんです。ではこの物件の購入検討をしていきましょう。同じように物件概要書を基に不動産投資計画書を作成します〔**別冊⑯⑰参照**〕。管理費は5％、修繕費は3％、エレベーター保守費は4階建てで9戸ですから、使用頻度も少なく、点検についても頻繁にする必要もないでしょうから、ここは35千円/月にしました。家賃下落率は「ローズコート宝塚」と同じにしています。空室率については4％から8％で設定しています。

　杉元さんの年齢は50歳です〔**別冊⑱参照**〕。他の課税所得は1〜3年は7,000千円、4〜6年は7,300千円、7〜9年は7,600千円、10〜12年は4,000千円、13〜15年は4,000千円、16〜18年は2,000千円、19年以降は2,000千円としました。定年後は所得が減っているという想定です。収益還元価額は86,184千円と出ました。積算価額もほぼ同じぐらいの数値です。借入可能期間21年2ヶ月で、借入可能限度額は65,868千円です。自己資金は13,000千円を予定されていますので、その逆算で84,000千円の借入を希望されています。その額の借入が可能かどうかの検討の仕方をお話します。杉元さんの預金額は35,000千円です。借金はありません。現在は実家のご両親と同居されています。連帯保証人には奥様がなられる予定です。融資条件として、団信付保となれば、団信に入ることもお考えです。その場合は、金利に団信の保険料相当額が上乗せされることになります。金利上乗せ額は0.3％です。この不動産投資計画書では団信なしで計算をします。

　私はどちらかといいますと、団信に入ることをお勧めしています。それは連帯保証人の有無にかかわらずです。万一のときに、残された家族で賃貸経営ができる、あるいは賃貸経営に興味があるというので

あればいいのですが、いきなり借金つきの不動産を所有することに、ご家族が戸惑いを感じると予想されるなら、団信に入っていただきたいのです。その理由は、万一、本人が不慮の死を遂げたときに、その借金はゼロになりますから、残された家族の生活も、家賃収入で成立つと思うからです。私なら現在加入中の保険を解約しても団信へ加入します。借入金が1億円以下でしたら団信を利用できます。でも借入期間中は絶対死ぬことはないと断言できる人にまで、無理にはお勧めしません。借入金利率は当初3年2.3％とし、3年ごとに0.2％上昇するとしました。杉元さんにはこれぐらいの優遇金利の適用があると思えたからです。その理由は、預金残高です。35,000千円あるなら、突発的な出費が仮にあったとしても、対処できると銀行は見るからです。

担保的には、84,000千円の借入であっても評価額がそれを上回っていますので、問題はありません。そうであれば、キャッシュフローに問題はないかを確認する必要があります。その前に、不動産投資計画書Ⅰをみてみます〔別冊⑲参照〕。36総投資額は97,072千円、自己資金13,072千円です。この中には、すぐの出費にならないであろう22持回り保証金800千円と30不動産取得税1,664千円が入っていますので、決済時には84,000千円の借入ができるのであれば、10,608千円の自己資金で間に合います。ここで気になるのが、45自己資金回収期間の表示がでないことです。土地の取得に自己資金が充てられ、売却するまで回収できないということを意味します。すなわち、それだけ税引後のキャッシュフローが悪いと予想されるのです。それが事実か確かめてみましょう。

それでは不動産投資計画書Ⅱをご覧ください〔別冊⑳参照〕。色アミ部分が目立ちます。税引後CF累計額が9年度から赤字になります。赤

字の最高額は21年度の12,194千円です。すなわち、この額を超える自己資金を持たないと、84,000千円の借入は難しくなると予想できるのです。杉元さんは預金を35,000千円お持ちですから、反対に借入は可能になる確率が高いといえます。

　この物件をどのように考えて取得すべきかといいますと、物件取得後、ここから上がる収益を使わないことを前提とすることです。物件の取得目的を、返済の終わる21年度以降、杉元さんが71歳になったとき、この物件から年金プラスアルファの生活費の確保ができることを楽しみに持ち続けるとするのです。そうであれば、その目的は達成される可能性のある物件と評価できます。目的をしっかりと持ち続ければ、この物件を取得する意味が出てきます。途中売却の場面がないとは言えませんが、鉄骨物件ですから、残存耐用年数の問題が出てきます。仮に10年持って売却となりますと、大手銀行では融資期間を最大11年しかみてくれません。それならノンバンクで借り入れる手もあるのですが、購入見込み客は「現金買いの人」とみておく方がいいと思います。時間をかければ、購入する人は出てくるでしょうが、売却を急ぐ場合は、売値を下げざるをえないと判断します。そういうこともわかって、購入されるのでしたら、私は悪い物件とは思いませんので、取得されてもいいと思います。

　人にはそれぞれ不動産取得の目的があるはずです。その目的をしっかりと持っているなら、購入すべきかどうか、あるいは購入して良い物件、購入しない方が良い物件の判断がしっかりできると思います。人には悪く見えても、自分にとっては良い物件というのもあるのです。私がいつも「お勧めする物件は人によって違う」と言っているのは、こういう意味です。杉元さんが借入金の返済を終えたとき、自己

資金として持出した金額は、当初の13,072千円と21年目の税引後CF累計赤字額12,194千円との合計額25,266千円、ということに投資計画上はなります。約25百万円で当該物件が自分の所有物となり、その時点で月額30万円ほどのキャッシュフローがあるのならいいと、杉元さんが思えるのでしたら購入してもいいというのが私の判断です。
　また、11年度は60歳のときですから、60歳で退職し退職金が入りましたら、そのとき2,000万円を繰上返済することで、この年から税引後キャッシュフローを黒字にする方法もあります。あるいは21年度まで、その退職金で赤字を補填し、71歳から黒字になればいいと考えても構いません。そこは人それぞれであっていいと思います。今は当該物件を持ち続けた場合のことを想定しています。途中売却の選択に関しては、4～5年経過後をメドにすればいいと思います。

　この物件の評価をするときに、購入者の所得を考えないで、物件単体で考えますと、税引後のCFが全く変わってきます。他の課税所得を0にして不動産投資計画書Ⅱ〔別冊㉑参照〕を作成しますと、税引後CF累計赤字額の最高額は21年度の2,795千円となります。これなら、購入しても「問題なし」と考える人も多いのではないでしょうか。実はここに落とし穴があるのです。物件購入を検討するときは、物件単体で行うより、ご自身の他の課税所得を加算して行う必要性がここにあるということを、ご理解いただけたのではないかと思います。
　"借入できることと、返済できることは違う"のです。そのことを案外理解していない人が多いと感じます。何とかなると思っている人は、自分の所得を合算しての税引後キャッシュフローをみておられないと思います。税引後キャッシュフローを検討せずとも、平成17年ま

でにフルローン物件を購入された方は、現段階においては運良く、いい買物をされたといえるかもしれません。でもこれから不動産投資を始められる方は、ここを押さえて物件購入の検討をする必要があります。その理由をこの不動産投資計画書から感じていただけたのではないでしょうか？

chapter 4

第4章
各銀行で評価の異なる物件

1．マンションスタイルの店舗事務所一棟物件

●物件概要書NO．4

物件名	桜町DJライフ
物件価額	81,000千円（内消費税1,950千円）
所在地	大阪市北区桜町三丁目27－9
（住所）	大阪市北区桜町三丁目5－44
交通	地下鉄御堂筋線　中津駅　徒歩9分
土地面積	63㎡
前面路線価	300千円/㎡
延床面積	221㎡
構造	鉄筋コンクリート造　5階建て
建築年月	昭和62年9月
用途地域	商業地域
容積率	480%
建ペイ率	80%
接道状況	南8m道路に5.5m接する
間取り	ワンルームタイプ（ロフトあり）　店舗1戸・事務所7戸
利便施設	繁華街近く、ビジネス街のはずれに位置する
現状家賃	630千円/月
満室家賃	700千円/月
表面利回り	満室時10.37%・現況9.33%
固定資産税評価額	土地15,837千円・建物15,270千円
固定資産税額等	土地187千円・建物260千円
持回り保証金	500千円

各銀行で評価の異なる物件

この物件はちょっと変わっています。どこが変わっているかと言いますと、見た目にはマンションに見えるのですが、登記上は店舗・事務所となっているのです。このような物件は、「どのように判断したらよいか」という観点からみていきましょう。

　この物件は都心にあります。商業地域にある容積率が480％取れるエリアにあることからも、想像がつきますね。一般的にこの物件で、融資を算定するときは、ビル一棟物件としてみないといけません。そうしますと、融資額が伸びないのです。マンションに比べて、事務所のニーズは少なく、空室になるとなかなか埋まらないと銀行は判断しているから、融資基準が異なるのです。実際には、すぐに埋まるエリアもあると思いますが、融資審査では、入居者に人気がある物件かどうかは関係ないのです。ある意味、実態とは関係ありません。登記が共同住宅であることでアパートローンの審査対象になり、一定のルールの下に、机上で審査をしているからです。

　そのことも、わかった上で、この物件を気に入った立花さんは、購入検討に入りました。立花さんは既に収益物件を所有されている会社役員です。預貯金は約4,000万円とのことです。立花さんとの取引は今回が初めてです。家族の状況や資産背景は一通りお聞きしました。不動産に対する知識もかなりおありだと感じました。ですから、この物件の取得をお手伝いをさせていただこうと物件調査に入りました。

　売主は不動産業者さんです。この物件を取得されて2年が経過していました。売却理由は資金回収と思われます。いい時期に取得されていますので、今回の売却価額には当然利益が乗っています。ですが、値引きは一切しないという強気の姿勢です。1億円以下で買える立地条件のいい希少物件とも言えますので、それもやむを得ないところが

あります。どんな物件も値切りが通る訳ではありません。競合がある場合、本当に購入したい人は値段を上げてでも取得するものです。既に数件の問合せもきているようですから、購入するなら早めの意思表示が必要となります。

　物件確認のため、売主さんに案内をしてもらいました。1階には雑貨店が入っています。はやっているようにも見えませんが、家賃の滞納はないようです。2階から上は、各フロアー2戸で5階のみ1戸の配置となっています。各室内には、ユニットバス、ミニキッチン、防水パンがあり、ロフトもついていて、住居として十分使える機能があります。実際には、ここに住みながら、事務所として使っている人もいるのです。それを確認できたことで、立花さんは「自己資金を30％ぐらい用意できれば、融資は可能ではないか」また、「面白い物件になるかもしれない」と考えられたのです。そのように考えられたのには訳があります。

　そこで、私は不動産投資計画書の作成にかかりました。基本情報を入力します〔**別冊㉒参照**〕。作成日は2007年8月1日です。物件種別は、収益マンション一棟を選択しました。マンションとしてどれぐらいの融資がつくかを検証するためです。現状家賃は満室家賃8,400千円／年と同じにしました。立花さんはこのエリアのことを良くご存知で、すぐにも空室は埋まると考えておられたからです。間取り等欄には、「店舗1戸・事務所兼用住宅7戸」と入力しました。銀行にも説明するためです。いわゆるSOHOタイプの物件と説明することにしました。

　詳細情報登録〔**別冊㉓参照**〕では、固定資産税評価額や固定資産税等が、物件概要書に記載されていますので、その数値を入力しました。土地評価参考価額が16,821千円に対し、土地固定資産税評価額は

15,837千円、建物評価参考価額が14,815千円に対し、建物固定資産税評価額は15,270千円、建物税額参考価額が252千円に対し、建物の固定資産税・都市計画税が260千円と、ほぼ近い数値が出ていますが、土地税額参考価額が56千円に対し、土地の固定資産税・都市計画税が187千円と3倍以上の開きがあります。これは小規模住宅用地の特例が適用されていないためとわかります。大阪市の固定資産税課は住居としてはみていないということです。管理費は5％、修繕費は3％、エレベーターはありません。その他費用は50千円／月、修繕積立金を3％、土地の時価を910千円／㎡、家賃下落率は、1～5年を0.5％、6～10年を0.8％、11年目以降を1％と設定しました。下落率の低いのには訳があります。立花さんは、反対に家賃の値上げが見込めるとお考えなのです。それは立花さんの勘によるものですが、私もその勘ははずれていないように思えました。空室率は、1～5年目だけ4％とし、6～15年目までは5％、16年目以降は6％としました。立地の特性としまして、繁華街まで近いビジネスエリアのはずれですから、若い人には人気のエリアです。

　融資関連情報登録に入ります〔**別冊㉔参照**〕。建物価額は消費税の表示が物件概要書に1,950千円とあります。逆算しますと、39,000千円が建物価額ということになります。ここで、担保評価額を見ます。積算価額は41,161千円、収益還元価額79,800千円、借入可能限度額は、15年以上で77,407千円、借入可能限度額は27年1ヶ月と出ました。これは、収益マンション一棟の購入のときという前提ですから、このままいけるとは思っていません。でも、建物機能がマンションであると証明できれば、融資を検討してもらえるのではと、淡い期待を持って融資の相談に大手銀行へ伺いました。

融資担当者には、立花さんの預金残高、確定申告書（控え）３年分と共に、この物件の概要書を提出し、私が見たこの物件の特徴等を説明して、返事を待つことにしました。でも、アパートローンの対象になりにくい物件であることはわかっていましたので、地方銀行にも当ることにしました。そのことはこの大手銀行にも伝えた上です。その旨を伝えた方が信用していただけると思います。仮に黙っていても、いずれはわかってしまうからです。地方銀行を選ぶに際し、どこでも良いという訳ではありません。融資を前向きに検討してくれそうなところでないと意味がありません。私はつきあいのある地方銀行２行にも融資の打診をしましたが、色良い返事ではありませんでした。

　そこで、立花さんが、お付き合いをされている地方銀行（Ａ銀行）に、一緒に同行させていただきました。同じように書類を提出し、物件の特徴をお話し、大手銀行にも融資の検討を依頼した旨をお伝えしました。立花さんは7,000万円の融資をお願いされました。このとき、Ａ銀行の営業担当者から、「前向きに検討させていただきます。」という趣旨の言葉を聞き、「融資条件が付いてもここは融資をするのでは」という思いになりました。それは立花さんという人物を知った上での言葉と感じたからです。

　融資条件付で売買契約をすることに売主さんから承諾を頂き、各銀行から融資の返事を待つことにして、先に売買契約をすることになりました。契約から約２週間が過ぎ、まだどちらの銀行からも融資の承諾は得られていません。融資特約の期間は３週間です。この期限を越え、もし決済ができなければ違約となります。違約金は売買金額の20％です。特約期限の１日前に大手銀行から連絡が入りました。結果は融資不可でした。Ａ銀行には、私の方から確認しましたが、結論はま

だ先になるということです。明日には、契約を白紙撤回するか、そのまま違約条項付きで契約を継続させるかの判断をしないといけません。決済日までは、まだ３週間あります。

　立花さんには、その旨を説明し判断を仰ぎました。資金に余裕がなければ、通常ですと、この時点で迷うことなく特約条項による白紙を選択します。でも、立花さんは、「身内の支援を得て資金的にはいけるから心配ないし、Ａ銀行は融資をしてくれると思う。」と言われ、契約を継続することになりました。私は危ない橋を渡ることをお勧めはしません。しかし、この物件を気に入られ、何とか資金的にも大丈夫と言われますと、むげに反対する訳にも行きません。この時、私はＡ銀行から、良い返事をもらえるのを待つのみの状況でした。

　その間に、この物件の融資可能額を算定してみました。不動産投資計画書で、物件種別を「収益ビル一棟」にして入力してみました〔別冊㉕参照〕。担保評価額はマンション一棟と同じです。ただし、ビル物件は大手銀行でも収益還元価額での評価をしてくれないのです。すなわち、積算価額による担保評価額が借入の限度額となります。その数値は41,161千円です。借入可能限度額は24,696千円と出ました。やはりビル物件では融資額が伸びません。これでは資金ショートをしてしまいます。念のためＡ銀行に担保評価の基準を聞いてみました。そうしましたら、意外にも「収益還元価額と積算価額を足し２で割る」という方法を採用することもあるとのことです。この評価額ですと、(積算価額41,161千円＋収益還元価額79,800千円) ÷ ２ ＝ 60,480千円ということになります。60,000千円の融資がつけば、立花さんも資金的に心配はなくなります。その旨、立花さんにお伝えし、融資金額は60,000千円でも借入をしたいと考えていると、Ａ銀行に連絡をされました。

A銀行から融資承諾の返事をいただけるまでの間は少し胃の痛む思いでありました。私は、立花さんから口頭で「資金は何とかなる」としか聞いていませんので、資金的裏付けをどうしても取りたくなります。それは万一に備えてのことです。初めての取引では、口頭だけでは安心できないところがあります。そのことをそろそろ言い出そうとした、ちょうど決済の1週間前にA銀行から融資の条件が出たのです。融資金額は60,000千円、融資期間は15年、金利は短プラ連動の変動金利、元金均等返済、団信付保、連帯保証人1名要ということでした。これは立花さんの人的要素が引出した条件かと思います。

　立花さんは、そのすべての条件を承諾されて、無事決済をすることができました。この条件を当てはめて、不動産投資計画書を作成します。金利は1～3年を3.25％とし、以降3年ごとに0.2％上昇すると仮定しました。登録を完了し、不動産投資計画書Ⅰをみてみます〔別冊㉖参照〕。37自己資金額は25,870千円です。44DSCRは1.23ですから、返済額が大きいことがわかります。それは融資期間が15年だから仕方のない部分ですが、将来的に改善をしないといけません。返済が重荷になっています。45CCRは4.56％です。この数値は2年度でみています。これはあまり良くない数値です。その理由は、元金均等返済になっているからです。でも、税引前利益は後年度ほど増加していきますから、CCRも後から上昇していきます。43キャップレートは7.66％ですから、ここは良い方です。

　不動産投資計画書Ⅱをみていきます〔別冊㉗参照〕。税引後CFは5年度から赤字となり、10年度からは、税引後CF累計額が赤字になります。そして、15年度に5,472千円の累積赤字になります。すなわち、追加資金として最低その金額の用意は必要ということです。ただし、こ

こには立花さんの、他の課税所得の合算をしていませんから、これ以上に資金は必要といえます。おそらく1,000万円以上の資金的余裕がないと、当該物件を持ち続けることが厳しくなるといえるのです。

　その旨を、率直に立花さんに説明しました。立花さんはニコニコしながら、聞いてくださいました。立花さんはそのことも理解されての取得だったのです。私が傍でやきもきすることはなかったのです。とにかくこの物件を気に入って購入されましたから、「これからいろいろ改善していきたい」と言われていました。

　それから2ヶ月経過した頃、私は立花さんとお会いすることになりました。購入された物件のことをお聞きしますと、立花さんは、「改善に着手していますよ」と笑顔で話してくださいました。空室1室はすぐに入居が決まり、当初予定の賃料より月額5,000円ＵＰして賃貸借契約をされていました。経費の見直しもされ、無駄な電気や水道の使用を止めるための改修工事をしたり、購入後、退去の発生した部屋は全面改装し、賃料を7,000円ＵＰして募集されていました。それでも入居申込みが入ったと言われていました。実際、改装後直ちに入居者が決まったのです。私はこのとき、ピーンときました。立花さんの勝算がどこにあったかわかったのです。読者の皆さんはおわかりになりましたか？

　そういうことで、この物件は大手銀行は融資不可でしたが、地方銀行では、融資をしてくれました。欲しい物件が見つかったときは、大手銀行で融資がつきにくくとも、簡単に諦めず、地方銀行に当たることも必要ですし、日頃からの銀行との付き合いも大事であるということがおわかりでしょう。また、「優良な収益物件は自分で作る」ということについても実は大いに参考となる事例であったのです。その意味がおわかりになった読者はかなりレベルの高い方だと思います。

2. 店舗割合の大きなマンション一棟物件

●物件概要書NO. 5

物件名	ベルナール水木
物件価額	60,000千円（内消費税1,500千円）
所在地	枚方市水木町3-118
（住所）	枚方市水木町3-26
交通	京阪 本線 枚方駅 徒歩8分
土地面積	130㎡
前面路線価	170千円/㎡
延床面積	228㎡
構造	鉄筋コンクリート造3F
建築年月	平成3年3月
用途地域	第一種中高層住居専用地域
容積率	160%
建ペイ率	60%
接道状況	東4m道路に10m接する
間取り	1階店舗・2階3階ワンルーム各3戸
利便施設	市内に大学あり、最寄り駅は特急停車駅
現状家賃	5,290千円/年
満室家賃	5,920千円/年
表面利回り	満室時9.87%・現況8.82%
固定資産税評価額	土地18,217千円・建物17,540千円
固定資産税額等	土地61千円・建物298千円
持回り保証金	900千円

この物件の売却情報は、2007年8月下旬に入ってきました。マンション一棟物件ではありますが、1階が店舗となっているため、融資を依頼するときには、注意しなければならないポイントがあります。それが何かご存知でしょうか。それは全体賃料に占める店舗賃料の割合です。先ほども申しましたように、一般的に店舗・事務所は空室になりますと、なかなか埋まらないと銀行は考えています。そのため、そこを調べないといけません。この物件の場合、3階建てで、延床面積割合は、約1/3が店舗です。家賃の割合は、1階店舗が月額賃料180千円でしたので、月額賃料総額は5,920千円÷12で493千円です。そうしますと、180千円÷493千円×100で36.5％であることがわかります。このような場合、銀行では積算価額が担保評価となるのです。また延べ床面積割合が、50％を超えますと、アパートローンの対象外になります。

　この物件は複数の人が検討されたのですが、物件を見られて、購入に前向きな人はいませんでした。その理由は、銀行の見方と同じく、1階が出た場合の次のテナント付けを心配されてのことでした。駅から徒歩8分ですから、特定の業種のテナントしか入居しないと思われてのことです。物件調査を進めていくうちに、1階店舗が年末に退去の予定であることを聞きつけたのです。これでは、先に検討している人は、益々心配になって購入はされないでしょう。銀行融資も厳しくなる可能性があります。でも、私はテナントが代わるとき、店舗賃料が上がる可能性のあることや、空室中のワンルーム1戸は、リフォームをしっかりすれば必ず埋まると感じました。

　わかったことをすべて開示し、飯山さんにこの物件をご紹介したのです。飯山さんは、52歳のサラリーマンです。収益物件の購入は初め

てでしたが、奥様が相続で取得された不動産をご所有でしたので、その物件の管理にも携わっておられました。奥様は相続した不動産と同時に債務も承継されていましたので、その件で大手銀行とも取引がありました。飯山さんも私と同じ見方をされて、購入検討に入ってくださいました。手持ち資金は、20,000千円お持ちのようですが、子供の結婚も控えているので、できるだけ使いたくないとのことでした。そのため、できるだけ融資額を多くしないと買えないと言われ、物件購入のために使える資金は10,000千円までという条件がつきました。そのことを踏まえて、不動産投資計画書の作成にかかりました。

　まず、「基本情報登録」画面から入力します〔別冊㉘参照〕。作成日は2007年9月1日です。物件種別は収益マンション一棟です。物件価額は60,000千円、現状家賃は5,290千円／年、満室家賃は5,920千円／年です。その他、必要項目を入力していきます。次に、「詳細情報登録」画面に移ります〔別冊㉙参照〕。固定資産税評価額や固定資産税額等は物件概要書に記載がありますので、それを基に入力します。火災保険料は参考価額24千円、持回り保証金は900千円、仲介手数料は自動計算を選択します。管理費は5％、修繕費は3％、融資関係費86千円、司法書士手数料150千円、その他費用35千円と入力しました。エレベーターはありません。土地の時価は、250千円／㎡です。家賃下落率は毎年1％とし、空室率は1〜5年を3％、以降5年ごとに1％ずつ増やし、21年以降を7％に設定しました。

　「融資関連情報登録」画面に移ります〔別冊㉚参照〕。建物価額は、右の参考価額をそのまま入力します。積算価額は47,963千円、収益還元価額は50,255千円、借入可能限度額は借入期間18年以上で48,917千円、借入可能期間は30年と出ました。飯山さんは、自己資金として

10,000千円を予定されていますので、借入可能限度額が48,917千円では、資金が足りません。その他の項目に適当な数字を入力し、「不動産投資計画書Ⅰ」で総投資額を先に確認しました。総投資額は約65,000千円です。そうしますと、借入を55,000千円しないといけないことになります。その可能性を探るために、「基本情報登録」の現状家賃を満室家賃に置き換えて入力をし直しました。そして出てきた担保評価額等は次のとおりです〔別冊㉛参照〕。積算価額は変わらず47,963千円、収益還元価額は上がって56,240千円、借入可能限度額も上がり55,453千円と出ました。これなら、55,000千円の融資の可能性はあります。銀行が飯山さんに融資をしたいと考えれば、そこは銀行の方で考えてくれるものです。ただし、店舗割合が高かったこともあり、収益還元法で担保評価してくれるかどうかわかりません。一般的には、積算法による評価となるからです。

　そんな状況も承知して頂き、売買契約を融資条件付で行うことになりました。売主さんは個人の方です。手付金10％をお支払するときに、飯山さんの了解を得て、この物件に対する融資のことを売主さんに説明させて頂きました。そうしましたら、売主さんが協力をしてくださることになり、融資については売主さんのお付き合いのある銀行を紹介してくださったのです。こんなこともあるのですね。ここは地方銀行のＢ銀行です。飯山さんには大手銀行に融資を正式に依頼して頂き、私は別の地方銀行のＣ銀行に、融資検討のお願いに行きました。

　今回も各銀行には他行に融資の打診をしている旨を伝えています。融資の申込額は55,000千円です。融資の特約期限は契約日より１ヶ月です。私が打診をしたＣ銀行は、飯山さんとの取引が初めてであること等を理由に消極的な姿勢でした。私がここにお願いしようと思った

contents

別冊　目次

第3章　事例でみる『不動産投資計画書』
1. **数値分析で物件を解体**
   物件概要書ＮＯ．1〔サンバレイ桃山〕
   …………別冊①〜⑩（本文83〜98ページ）

2. **高収入の資産家が出口を視野に入れて検討した物件**
   物件概要書ＮＯ．2〔ローズコート宝塚〕
   …………別冊⑪〜⑮（本文99〜104ページ）

3. **年金＋αの生活実現を楽しみに持つ物件**
   物件概要書ＮＯ．3〔グレイス花咲〕
   …………別冊⑯〜㉑（本文105〜110ページ）

第4章　各銀行で評価の異なる物件
1. **マンションスタイルの店舗事務所一棟物件**
   物件概要書ＮＯ．4〔桜町ＤＪライフ〕
   …………別冊㉒〜㉗（本文113〜120ページ）

2. **店舗割合の大きなマンション一棟物件**
   物件概要書ＮＯ．5〔ベルナール水木〕
   …………別冊㉘〜㉞（本文121〜128ページ）

第5章　購入目的はさまざまです
1. **融資期間の短くなる物件（学生対象ワンルームがいい理由）**
   物件概要書ＮＯ．6〔ブライト川音〕
   …………別冊㉟〜㊴（本文131〜134ページ）

2. **新築間もない物件（相続税対策になる物件）**
   物件概要書ＮＯ．7〔ビューネ上本町〕
   …………別冊㊵〜㊹（本文135〜138ページ）

<物件概要書No.1 [サンバレイ桃山] >　　　　　　　　　　　　　　　　　　　　　　　　　　　　　　　　　(別冊①)

投資計画書一覧	基本情報登録	詳細情報登録	融資関連情報登録	投資計画書	キャッシュフロー

基本情報の入力をしてください

作成日	2007/06/01	例：2007/04/01
物件名	サンバレイ桃山	例：和合JP心斎橋
物件種別	収益マンション一棟　地区：その他	例：収益マンション一棟
物件価額	160000　千円	税込価額を入力してください
家賃区分	◉月額　○年額	
現状家賃（共益費込）	1300　千円	
満室家賃（共益費込）	1500　千円	
所在地（登記）	京都府京都市伏見区桃山町8-53	
住所	京都府京都市伏見区桃山町	
交通	近鉄京都　線　丹波橋　駅 徒歩 3 分　　　バス　　停 徒歩　　分	例：地下鉄御堂筋線 心斎橋駅徒歩5分
土地面積	398　m²	
前面路線価	170　千円/m²（国税庁 路線価図参照）	http://www.rosenka.nta.go.jp
建築年月	西暦　1985 年 5 月	
間取り等	ワンルームタイプ・1階の一部店舗	例：1LDK 24室 駐車場10台

建物延床面積	1100	m²					
	1F:	2F:	3F:	4F:	5F:		m²
	6F:	7F:	8F:	9F:	B1:		m²

構　造	鉄筋コンクリート造 ・	5 階建
用途地域	近隣商業地域 ・	
建蔽率	80 %	
容積率	300 %	
ライフライン	電気・上水道・下水道 ・ 都市ガス ・	
接道状況	一方 ・	
接道方向	南 ・ 向道路 幅員 20 mに 20 m接道	
	・ 向道路 幅員 　 mに 　 m接道	

確認

(別冊②)

投資計画書一覧	基本情報登録	詳細情報登録	融資関連情報登録	投資計画書	キャッシュフロー
		詳細情報の入力をしてください			
固定資産税評価額(土地)	57511 千円	土地評価参考価額	57,511千円	実額がわからない場合は参考価額を入力してください	
固定資産税評価額(建物)	69257 千円	建物評価参考価額	69,257千円	実額がわからない場合は参考価額を入力してください	
固定資産税額(土地)都市計画税を含む	192 千円(年税額)	土地税額参考価額	192千円	実額がわからない場合は参考価額を入力してください	
固定資産税額(建物)都市計画税を含む	1177 千円(年税額)	建物税額参考価額	1,177千円	実額がわからない場合は参考価額を入力してください	
火災保険料	114 千円	火災保険参考価額	114千円	実額がわからない場合は参考価額を入力してください	
持回り保証金	1000 千円			関西圏の場合は入力してください	
リフォーム費用	0 千円(本物件取得後、直ちにリフォームが必要な場合のみ入力)			必要なときは見積りを取る	
仲介手数料	●自動計算 ○実額入力 [ ] 千円			自動計算は、(税抜物件価額×3%+6万円)+税で表示	
管理費	5 %(共益費込みの現状家賃収入に対する割合)			目安:3～8% 管理内容による	
修繕費	5 %(共益費込みの満室家賃収入に対する割合)			目安:3～5%	
融資関係費	86 千円			目安 86千円	
司法書士手数料	150 千円			目安:融資あり約150千円	
エレベーター保守費	40 千円/月(税抜金額を入力)			目安:30千円～70千円/月	
その他費用	50 千円/月(税抜金額を入力)			税は自動計算します	

修繕積立金	0	% (共益費込みの満室家賃収入に対する割合)				目安:3〜5%
土地の時価	300	千円/㎡				取引事例による土地価額
家賃下落率	1〜5年	6〜10年	11〜15年	16〜20年	21年以上	前年度家賃に対する下落率を表示
	1	1	1	1	1	
空室率	1〜5年	6〜10年	11〜15年	16〜20年	21年以上	各年の空室率を表示
	10	10	12	12	14	
周辺利便施設の状況	大型スーパー徒歩5分、総合病院徒歩8分					例:徒歩5分圏に病院、スーパーあり

確認

(別冊③)

| 投資計画書一覧 | 基本情報登録 | 詳細情報登録 | 融資関連情報登録 | 投資計画書 | キャッシュフロー |

融資関連情報の入力をしてください

建物価額	85088 千円	建物参考価額 85,088千円			参考建物価額は固定資産税で按分されています
土地価額	建物価額で自動計算されます。	土地参考価額 70,657千円			
積算価額	169,596千円				
収益還元価額	148,200千円				
借入可能限度額	借入期間	7年以内	7年〜12年以内	12年以上	借入期間によって借入可能限度額が変わります
	借入可能限度額	148,912 千円	136,751 千円	124,590 千円	
借入可能期間	24年 11ヶ月				
借入金額1	148000 千円				
借入期間1	24 年 11 ヶ月				
返済方法1	◉元利均等 ○元金均等				返済方法を選択してください
借入金利率1 (単位:%)	1〜3年 2.6	4〜6年 2.8	7〜9年 3	10〜12年 3.2	13〜15年 3.4	16〜18年 3.6	19年以降 3.8
借入金額2	0 千円				
借入期間2	0 年 0 ヶ月				
返済方法2	◉元利均等 ○元金均等				返済方法を選択してください

	1〜3年	4〜6年	7〜9年	10〜12年	13〜15年	16〜18年	19年以降
借入金利率2 (単位:%)	0	0	0	0	0	0	0
他の課税所得 (単位:千円)	0	0	0	0	0	0	0

確 認

(別冊④)

和合 実のトレジャー発見　不動産投資計画書 I

1	作成日	2007/06/01
2	物件名	サンパレイ桃山
3	物件種別	収益マンション一棟　地 区　その他
4	物件価額	160,000 千円 土地価額： 70,657 千円　建物価額： 85,088 千円　消費税額： 4,255 千円
5	所在地(登記)	京都府京都市伏見区桃山町8－53
6	住　所	京都府京都市伏見区桃山町
7	交　通	近鉄京都線 丹波橋駅 徒歩 3 分　バス 停 徒歩　分
8	土地面積	398 ㎡　前面路線価　170 千円
9	固定資産税評価額	土地・建物総額 126,768 千円　土地： 57,511 千円　建物： 69,257 千円
10	固定資産税額等	土地・建物総額 1,369 千円 (都市計画税を含む)　土地： 192 千円　建物： 1,177 千円
11	建物延床面積	1,100 ㎡　1F:　㎡　2F:　㎡　3F:　㎡　4F:　㎡　5F:　㎡ 6F:　㎡　7F:　㎡　8F:　㎡　9F:　㎡　B1:　㎡
12	建築年月	西暦　1985 年　5 月　構　造　鉄筋コンクリート造　5 階建
13	間取り等	ワンルームタイプ・1階の一部店舗
14	建物償却年数	29 年　設備償却年数 3 年
15	用途地域	近隣商業地域　建蔽率・容積率　80 ％ ・ 300 ％
16	電気・水道	電気・上水道・下水道　ガ　ス　都市ガス
17	接道状況	一方　南向道路 幅員 20 mに 20 m接道 向道路 幅員　mに　m接道
18	周辺利便施設の状況	大型スーパー徒歩5分、総合病院徒歩8分
19	積算価額	169,596 千円　収益還元価額　148,200 千円
20	借入可能限度額	124,590 千円　時価見積額　221,336 千円
21	借入可能期間	24 年 11 ヶ月　(建物取得費加算： 558 千円)
22	持回り保証金	1,000 千円
23	リフォーム費用	0 千円

24	現状家賃(共益費込)	15,600 千円/年		満室家賃(共益費込)	18,000 千円/年
25	初年度支出合計	10,878 千円		初年度費用合計	5,829 千円
26	仲介手数料	4,969 千円	【税抜物件価額×3%+6万円】+税	(建物取得費加算:	2,775 千円)
27	売買契約書印紙	30 千円	(建物取得費加算: 45 千円)	司法書士手数料	150 千円
28	金消契約書印紙	100 千円		融資関係費	86 千円
29	登録免許税	2,552 千円	【内訳: 登録免許税土地:575千円 登録免許税建物:1,385千円 登録免許税融資:592千円】		
30	不動産取得税	2,940 千円	【内訳: 不動産取得税土地:863千円 不動産取得税建物:2,078千円】		
31	管理費	319 千円/年	現状家賃/年×5%+税	満室家賃/年×5%+税	945 千円/年
32	エレベーター保守費	504 千円/年	月額 40千円×12+税		114 千円/年
33	その他費用	630 千円/年	月額 50千円×12+税	満室家賃/年×0%+税	0 千円/年
34	家賃下落率	1～5年 1.00 %	6～10年 1.00 %	11～15年 1.00 %	16～20年 1.00 %	21～25年 1.00 %	前年度家賃に対する下落率
35	空室率	1～5年 10.00 %	6～10年 10.00 %	11～15年 12.00 %	16～20年 12.00 %	21～25年 14.00 %	各年の空室率
36	総投資額	-71,878 千円		5年度実効税率	30 % (4～6年度 他の課税所得: 0 千円)
37	総借入金額	-48,000 千円		自己資金額	23,878 千円
38	借入1	-48,000 千円		借入期間1	24年11ヶ月 (元利均等)
39	借入金利率1	1～3年 2.60 %	4～6年 2.80 %	7～9年 3.00 %	10～12年 3.20 %	13～15年 3.40 %	16～18年 3.60 %	19年以降 3.80 %
40	借入2	0 千円		借入期間2	0年0ヶ月 (元利均等)
41	借入金利率2	1～3年 0.00 %	4～6年 0.00 %	7～9年 0.00 %	10～12年 0.00 %	13～15年 0.00 %	16～18年 0.00 %	19年以降 0.00 %
42	他の課税所得	1～3年 0 千円	4～6年 0 千円	7～9年 0 千円	10～12年 0 千円	13～15年 0 千円	16～18年 0 千円	19年以降 0 千円
43	表面利回り	8.08 %	【現状家賃/年÷総投資額】	キャップレート	7.23 %	【NOI÷(総投資額-初年度費用)】
44	DSCR	1.44	【NOI÷(年間元利金返済額)】	LTV	92.50 %	【借入額÷物件価額】
45	CCR	14.94 %	【税引前CF÷自己資金】	自己資金回収期間	29 年	【税引後自己資金累計額≧自己資金】

(別冊⑤)

和合 実のトレジャー発見　　不動産投資計画書Ⅱ

物件名	サンパレイ桃山				
住所	京都府京都市伏見区桃山町				
物件価額	160,000 千円	24 年 11 ヶ月 (元利均等)	自己資金額	23,878 千円	0 年 0 ヶ月 (元利均等)
借入1	148,000 千円		借入2	0 千円	
初月返済額	672 千円		当初12ヶ月返済額	8,067 千円	

	1年度	2年度	3年度	4年度	5年度	6年度	7年度	8年度	9年度	10年度
収支＆CFシート										
A 家賃収入(共込)	9,450	16,038	15,878	15,719	15,562	15,406	15,252	15,099	14,948	14,799
B 管理費	496	842	834	825	817	809	801	793	785	777
C 固定資産税等	799	1,369	1,369	1,344	1,344	1,344	1,320	1,320	1,320	1,296
D エレベーター保守費	294	504	504	504	504	504	504	504	504	504
E 火災保険料	114	114	114	114	114	114	114	114	114	114
F 修繕費	551	936	926	917	908	899	890	881	872	863
G その他費用	6,192	630	630	630	630	630	630	630	630	630
H NOI(純収益)	1,004	11,643	11,501	11,384	11,245	11,106	10,993	10,858	10,724	10,614
I 減価償却費1	1,492	2,558	2,558	2,558	2,558	2,558	2,558	2,558	2,558	2,558
J 減価償却費2	3,606	6,181	6,181	2,576	0	0	0	0	0	0
K 支払利息1	2,229	3,732	3,618	3,771	3,644	3,514	3,622	3,478	3,328	3,387
L 支払利息2	0	0	0	0	0	0	0	0	0	0
M 税引前利益	-6,322	-828	-856	2,480	5,043	5,035	4,813	4,822	4,837	4,669
N 元金返済1	2,483	4,344	4,459	4,470	4,596	4,727	4,764	4,909	5,059	5,126
O 元金返済2	0	0	0	0	0	0	0	0	0	0
P キャッシュフロー(CF)	2,121	3,567	3,425	3,144	3,004	2,866	2,607	2,471	2,337	2,101
Q 所得税＋住民税	0	0	0	496	1,513	1,510	1,444	1,447	1,451	1,401
R 修繕積立金	0	0	0	0	0	0	0	0	0	0
S 税引後CF	2,121	3,567	3,425	2,648	1,491	1,355	1,163	1,024	885	700
T 税引後CF累計額	2,121	5,689	9,113	11,761	13,252	14,607	15,770	16,794	17,680	18,380
U 修繕積立金累計	0	0	0	0	0	0	0	0	0	0
V 借入金残高1	145,517	141,173	136,714	132,245	127,648	122,921	118,157	113,248	108,189	103,063
W 借入金残高2	0	0	0	0	0	0	0	0	0	0
X 総借入金残高	145,517	141,173	136,714	132,245	127,648	122,921	118,157	113,248	108,189	103,063
Y キャップレート	7.23	7.23	7.23	7.23	7.23	7.23	7.23	7.23	7.23	7.23
Z 売却想定額	13,883	161,000	159,028	157,417	155,484	153,571	152,011	150,136	148,280	146,770

	11年度	12年度	13年度	14年度	15年度	16年度	17年度	18年度	19年度	20年度
収支＆CFシート										
A 家賃収入(共込)	14,325	14,182	14,040	13,900	13,761	13,623	13,487	13,352	13,219	13,087
B 管理費	752	745	737	730	722	715	708	701	694	687
C 固定資産税等	1,296	1,296	1,273	1,273	1,273	1,250	1,250	1,250	1,228	1,228
D エレベーター保守費	504	504	504	504	504	504	504	504	504	504
E 火災保険料	114	114	114	114	114	114	114	114	114	114
F 修繕費	855	846	838	829	821	813	805	797	789	781
G その他費用	630	630	630	630	630	630	630	630	630	630
H NOI(純収益)	10,174	10,047	9,945	9,820	9,696	9,597	9,476	9,357	9,260	9,143

	21年度	22年度	23年度	24年度	25年度	26年度	27年度	28年度	29年度	30年度
I 減価償却費1	2,558	2,558	2,558	2,558	2,558	2,558	2,558	2,558	2,558	2,558
J 減価償却費2	0	0	0	0	0	0	0	0	0	0
K 支払利息1	3,221	3,049	3,052	2,860	2,661	2,601	2,377	2,146	2,012	1,751
L 支払利息2	0	0	0	0	0	0	0	0	0	0
M 税引前利益	4,396	4,440	4,335	4,402	4,478	4,439	4,541	4,653	4,690	4,834
N 元金返済1	5,293	5,465	5,568	5,760	5,959	6,104	6,327	6,559	6,754	7,015
O 元金返済2	0	0	0	0	0	0	0	0	0	0
P キャッシュフロー(CF)	1,661	1,534	1,325	1,200	1,077	893	772	652	494	377
Q 所得税+住民税	1,319	1,332	1,300	1,321	1,343	1,332	1,362	1,396	1,407	1,450
R 修繕積立金	342	201	24	-121	-267	-439	-591	-744	-913	-1,073
S 税引後CF	-8,722	18,923	18,947	18,827	18,560	18,121	17,530	16,786	15,873	14,800
T 税引後CF累計額										
U 修繕積立金累計	97,770	92,306	86,738	80,978	75,019	68,915	62,588	56,029	49,275	42,260
V 借入金残高1	97,770	92,306	86,738	80,978	75,019	68,915	62,588	56,029	49,275	42,260
W 借入金残高2	7.23	7.23	7.23	7.23	7.23	7.23	7.23	7.23	7.23	7.23
X 総借入金残高										
Y キャップレート										
Z 売却想定額	140,685	138,926	137,508	135,784	134,078	132,705	131,033	129,377	128,049	126,426

	21年度	22年度	23年度	24年度	25年度	26年度	27年度	28年度	29年度	30年度
A 収支＆CFシート										
B 家賃収入(共込)	12,661	12,535	12,409	12,285	12,162	12,041	11,920	11,801	11,683	11,566
C 管理費	665	658	651	645	639	632	626	620	613	607
D 固定資産税等	1,228	1,206	1,206	1,206	1,206	1,206	1,206	1,206	1,206	1,206
E 火災保険料	504	504	504	504	504	504	504	504	504	504
F EU/ヘーター・保守費	114	114	114	114	114	114	114	114	114	114
G 修繕費	773	765	758	750	742	735	728	720	713	706
H その他費用	630	630	630	630	630	630	630	630	630	630
I NOI(純収益)	8,748	8,658	8,547	8,437	8,328	8,220	8,113	8,008	7,903	7,799
J 減価償却費1	2,558	2,558	2,558	2,558	2,558	2,558	2,558	2,558	2,558	1,066
K 減価償却費2	0	0	0	0	0	0	0	0	0	0
L 支払利息1	1,480	1,198	905	601	286	23	0	0	0	0
M 支払利息2	0	0	0	0	0	0	0	0	0	0
N 税引前利益	4,710	4,902	5,083	5,277	5,484	5,639	5,555	5,450	5,345	6,734
O 元金返済1	7,286	7,568	7,861	8,165	8,480	2,899	0	0	0	0
P 元金返済2	0	0	0	0	0	0	0	0	0	0
Q キャッシュフロー(CF)	-18	-108	-220	-330	-438	5,298	8,113	8,008	7,903	7,799
R 所得税+住民税	1,413	1,471	1,525	1,583	1,645	1,692	1,667	1,635	1,604	2,020
S 修繕積立金	0	0	0	0	0	0	0	0	0	0
T 税引後CF	-1,431	-1,579	-1,745	-1,913	-2,084	3,606	6,447	6,373	6,299	5,779
U 税引後CF累計額	13,369	11,790	10,045	8,132	6,049	9,655	16,101	22,474	28,773	34,553
V 修繕積立金累計	0	0	0	0	0	0	0	0	0	0
W 借入金残高1	34,973	27,405	19,544	11,380	2,899	0	0	0	0	0
X 借入金残高2	0	0	0	0	0	0	0	0	0	0
Y 総借入金残高	34,973	27,405	19,544	11,380	2,899	0	0	0	0	0
Z キャップレート	7.23	7.23	7.23	7.23	7.23	7.23	7.23	7.23	7.23	7.23
売却想定額	120,962	119,716	118,179	116,658	115,152	113,662	112,186	110,725	109,278	107,846

(別冊⑥)

投資計画書一覧	基本情報登録	詳細情報登録	融資関連情報登録	投資計画書	キャッシュフロー

基本情報の入力をしてください

作成日	2017/06/01	例：2007/04/01
物件名	(コピー)サンパレイ桃山	例：和合JP心斎橋
物件種別	収益マンション一棟 ・ 地区：その他	例：収益マンション一棟
物件価額	113000 千円	税込価額を入力して下さい
家賃区分	○月 額 ◉年 額	
現状家賃(共益費込)	14325 千円	
満室家賃(共益費込)	14325 千円	
所在地(登記)	京都府京都市伏見区桃山町8-53	
住　所	京都府京都市伏見区桃山町	
交　通	近鉄京都 線 丹波橋 駅 徒歩 3 分 / バス 停 徒歩 分	例：地下鉄御堂筋線 心斎橋駅徒歩5分
土地面積	398 m²	
前面路線価	170 千円/m²（国税庁 路線価図参照）	http://www.rosenka.nta.go.jp
建築年月	西暦 ・ 1985 年 5 月	
間取り等	ワンルームタイプ・1階の一部店舗	例：1LDK 24室 駐車場10台

建物延床面積	-100	m²					
	1F:	2F: m²	3F: m²	4F: m²	5F: m²	m²	
	6F:	7F: m²	8F: m²	9F: m²	B1: m²	m²	
構 造	鉄筋コンクリート造		5 階建				
用途地域	近隣商業地域						
建蔽率	80 %						
容積率	500 %						
ライフライン	電気・上水道・下水道	都市ガス					
接道状況	一方						
接道方向	南 向道路 幅員 20 mに 20 m接道						
	向道路 幅員 mに m接道						

確認

(別冊⑦)

投資計画書一覧	基本情報登録	詳細情報登録	融資関連情報登録	投資計画書	キャッシュフロー
		詳細情報の入力をしてください			
固定資産税評価額（土地）	57511	千円	土地評価参考価額 57,511千円		実額がわからない場合は参考価額を入力して下さい
固定資産評価額（建物）	48566	千円	建物評価参考価額 48,566千円		実額がわからない場合は参考価額を入力して下さい
固定資産税額（土地）都市計画税を含む	192	千円（年税額）	土地税額参考価額 192千円		実額がわからない場合は参考価額を入力して下さい
固定資産税額（建物）都市計画税を含む	826	千円（年税額）	建物税額参考価額 826千円		実額がわからない場合は参考価額を入力して下さい
火災保険料	114	千円	火災保険参考価額 114千円		実額がわからない場合は参考価額を入力して下さい
持回り保証金	1000	千円			関西圏の場合は入力下さい
リフォーム費用	0	千円（本物件取得後、直ちにリフォームが必要な場合のみ入力）			必要なときは見積りを取る
仲介手数料		●自動計算 ○実額入力　　千円			自動計算は、(税抜物件価額×3％+6万円)+税で表示
管理費	5	％（共益費込みの現状家賃収入に対する割合）			目安：3～8％ 管理内容による
修繕費	5	％（共益費込みの満室家賃収入に対する割合）			目安：3～5％
融資関係費	86	千円			目安 86千円
司法書士手数料	150	千円			目安：融資あり約150千円
エレベーター保守費	40	千円／月（税抜金額を入力）			目安：30千円～70千円／月
その他費用	50	千円／月（税抜金額を入力）			税は自動計算します

修繕積立金	0					目安:3～5%
土地の時価	300	千円／m²				取引事例による土地価額
家賃下落率	1～5年	6～10年	11～15年	16～20年	21年以上	前年度家賃に対する下落率を表示
	0	1	1	1	1	
空室率	1～5年	6～10年	11～15年	16～20年	21年以上	各年の空室率を表示
	0	10	12	12	14	
周辺利便施設の状況	大型スーパー徒歩5分、総合病院徒歩8分					例：徒歩5分圏に病院、スーパーあり

確認

(別冊⑧)

投資計画書一覧	基本情報登録	詳細情報登録	融資関連情報登録	投資計画書	キャッシュフロー

融資関連情報の入力をして下さい

建物価額	50578 千円	建物参考価額 50,578千円		参考建物価額は固定資産税で按分されています
土地価額	建物価額で自動計算されます。	土地参考価額 59,893千円		
積算価額	128,685千円			
収益還元価額	136,088千円			
借入可能限度額	借入期間	0年～2年以内	2年以上	借入期間によって借入可能限度額が変わります
	借入可能限度額 ―――千円	91,838 千円	83,907 千円	
借入可能期間	14年11ヶ月			
借入金額1	92000 千円			
借入期間1	14 年 11 ヶ月			
返済方法1	●元利均等 ○元金均等			返済方法を選択してください
借入金利率1 (単位:%)	1～3年 3.2	4～6年 3.4	7～9年 3.6	10～12年 3.8	13～15年 4	16～18年 4	19年以降 4
借入金額2	0 千円			
借入期間2	0 年 0 ヶ月			
返済方法2	●元利均等 ○元金均等			返済方法を選択してください

	1～3年	4～6年	7～9年	10～12年	13～15年	16～18年	19年以降
借入金利率2 (単位：％)	0	0	0	0	0	0	0
他の課税所得 (単位：千円)	0	0	0	0	0	0	0

確 認

(別冊⑨)

和合 実のトレジャー発見　不動産投資計画書Ⅰ

1	作成日	2017/06/01			
2	物件名	(コピー)サンバレイ桃山		地 区	その他
3	物件種別	収益マンション一棟			
4	物件価額	113,000 千円			
		土地価額： 59,893 千円　建物価額： 50,578 千円　消費税額： 2,529 千円			
5	所在地(登記)	京都府京都市伏見区桃山町8-53			
6	住 所	京都府京都市伏見区桃山町			
7	交 通	近鉄京都線 丹波橋駅 徒歩3分　　バス停　徒歩 分			
8	土地面積	398 m²		前面路線価	170 千円
9	固定資産税評価額	土地・建物総額　106,077 千円		土地： 57,511 千円　建物： 48,566 千円	
10	固定資産税額等	土地・建物総額　1,018 千円(都市計画税を含む)		土地： 192 千円　建物： 826 千円	
11	建物延床面積	1,100 m²　1F: m²　2F: m²　3F: m²　4F: m²　5F: m² 6F: m²　7F: m²　8F: m²　9F: m²　B1: m²			
12	建築年月	西暦　1985年 5月		構 造	鉄筋コンクリート造　5階建
13	間取り等	ワンルームタイプ・1階の一部店舗			
14	建物償却年数	21 年		設備償却年数	3 年
15	用途地域	近隣商業地域		建蔽率・容積率	80 ％ ・ 300 ％
16	電気・水道	電気・上水道・下水道		ガ ス	都市ガス
17	接道状況	一方		南 向道路 幅員 20 mに 20 m接道 向道路 幅員 mに m接道	
18	周辺利便施設の状況	大型スーパー徒歩5分、総合病院徒歩8分			
19	積算価額	128,685 千円		収益還元価額	136,088 千円
20	借入可能限度額	83,907 千円		時価見積額	180,425 千円
21	借入可能期間	14 年 11 ヶ月		(建物取得費加算：	470 千円)
22	持回り保証金	1,000 千円			
23	リフォーム費用	0 千円			

24	現状家賃(共益費込)	14,325 千円/年			満室家賃(共益費込)	14,325 千円/年
25	初年度支出合計	8,153 千円			初年度費用合計	4,530 千円
26	仲介手数料	3,543 千円	【税抜物件価額×3%+6万円】+税		(建物取得費加算:	1,665 千円)
27	売買契約書印紙	80 千円	(建物取得価加算:	38 千円)	司法書士手数料	150 千円
28	金消契約書印紙	60 千円			融資関係費	86 千円
29	登録免許税	1,914 千円	【内訳 登録免許税土地:575千円	登録免許税建物:971千円	登録免許税融資:368千円】	
30	不動産取得税	2,320 千円	【内訳:不動産取得税土地:863千円	不動産取得税建物:1,457千円】		
31	管理費	752 千円/年	現状家賃/年×5%+税		修繕費	752 千円/年 満室家賃/年×5%+税
32	エレベーター保守費	504 千円/年	月額 40千円×12+税		火災保険料	114 千円/年
33	その他費用	630 千円/年	月額 50千円×12+税		修繕積立金	0 千円/年 満室家賃/年×0%+税
34	家賃下落率	1~5年 0.00 %	6~10年 1.00 %	11~15年 1.00 %	16~20年 1.00 %	21~25年 1.00 % 前年度家賃に対する下落率
35	空室率	1~5年 0.00 %	6~10年 10.00 %	11~15年 12.00 %	16~20年 12.00 %	21~25年 14.00 % 各年の空室率
36	総投資額	122,153 千円			5年度実効税率	30 % (4~6年度 他の課税所得: 0 千円)
37	総借入金額	92,000 千円			自己資金額	30,153 千円
38	借入1	92,000 千円			借入期間1	14年11ヶ月 (元利均等)
39	借入金利率1	1~3年 3.20 %	4~6年 3.40 %	7~9年 3.60 %	10~12年 3.80 %	13~15年 4.00 % 16~18年 4.00 % 19年以降 4.00 %
40	借入2	0 千円			借入期間2	0年0ヶ月 (元利均等)
41	借入金利率2	1~3年 0.00 %	4~6年 0.00 %	7~9年 0.00 %	10~12年 0.00 %	13~15年 0.00 % 16~18年 0.00 % 19年以降 0.00 %
42	他の課税所得	1~3年 0 千円	4~6年 0 千円	7~9年 0 千円	10~12年 0 千円	13~15年 0 千円 16~18年 0 千円 19年以降 0 千円
43	表面利回り	11.73 %	【現状家賃/年÷総投資額】		キャップレート	9.26 % 【NOI÷(総投資額-初年度費用)】
44	DSCR	1.36	【NOI÷(年間元利金返済額)】		LTV	81.42 % 【借入額÷総物件価額】
45	CCR	8.25 %	【税引前CF÷自己資金】		自己資金回収期間	21 年 【税引後自己資金累計額≧自己資金】

(別冊⑩)

和合 実のトレジャー発見　不動産投資計画書Ⅱ

物件名	(コピー)サンパレイ桃山			
住所	京都府京都市伏見区桃山町			
物件金額	113,000 千円		自己資金額	30,153 千円
借入1	92,000 千円	14年11ヶ月 (元利均等)	借入2	0 千円　0年0ヶ月 (元利均等)
初月返済額	646 千円		当初12ヶ月返済額	7,751 千円

	1年度	2年度	3年度	4年度	5年度	6年度	7年度	8年度	9年度	10年度
収支＆CFシート										
A 家賃収入（共込）	8,356	14,325	14,325	14,325	14,325	12,764	12,636	12,510	12,384	12,261
B 管理費	439	752	752	752	752	670	663	657	650	644
C 固定資産税等	594	1,018	1,018	1,000	1,000	1,000	982	982	982	964
D エレベーター保守費	294	504	504	504	504	504	504	504	504	504
E 火災保険料	114	114	114	114	114	114	114	114	114	114
F 修繕費	439	752	752	752	752	745	737	730	722	715
G その他費用	4,894	630	630	630	630	630	630	630	630	630
H NOI（純収益）	1,583	10,555	10,555	10,573	10,573	9,101	9,006	8,893	8,782	8,690
I 減価償却費1	1,228	2,106	2,106	2,106	2,106	2,106	2,106	2,106	2,106	2,106
J 減価償却費2	2,150	3,685	3,685	1,536	0	0	0	0	0	0
K 支払利息1	1,695	2,781	2,619	2,606	2,425	2,237	2,164	1,953	1,735	1,593
L 支払利息2	0	0	0	0	0	0	0	0	0	0
M 税引前利益	-3,490	1,983	2,145	4,326	6,043	4,758	4,736	4,834	4,941	4,991
N 元金返済1	2,834	4,984	5,146	5,249	5,430	5,617	5,760	5,971	6,190	6,381
O 元金返済2	0	0	0	0	0	0	0	0	0	0
P キャッシュフロー(CF)	1,584	2,791	2,791	2,719	2,719	1,247	1,081	969	858	716
Q 所得税＋住民税	0	397	429	1,298	1,813	1,427	1,421	1,450	1,482	1,497
R 修繕積立金	0	0	0	0	0	0	0	0	0	0
S 税引後CF	1,584	2,394	2,362	1,421	906	-181	-340	-481	-625	-781
T 税引後CF累計額	1,584	3,978	6,339	7,760	8,666	8,485	8,146	7,664	7,040	6,258
U 税積立金累計	0	0	0	0	0	0	0	0	0	0
V 借入金残高1	89,166	84,182	79,036	73,788	68,358	62,741	56,980	51,009	44,819	38,438
W 借入金残高2	0	0	0	0	0	0	0	0	0	0
X 総借入金残高	89,166	84,182	79,036	73,788	68,358	62,741	56,980	51,009	44,819	38,438
Y キャップレート	9.26	9.26	9.26	9.26	9.26	9.26	9.26	9.26	9.26	9.26
Z 売却想定額	17,098	114,000	114,000	114,000	114,198	98,300	97,269	96,055	94,854	93,855

	11年度	12年度	13年度	14年度	15年度	16年度	17年度	18年度	19年度	20年度
収支＆CFシート										
A 家賃収入（共込）	11,868	11,750	11,632	11,516	11,401	11,287	11,174	11,062	10,951	10,842
B 管理費	623	617	611	605	599	593	587	581	575	569
C 固定資産税等	964	964	947	947	947	930	930	930	913	913
D エレベーター保守費	504	504	504	504	504	504	504	504	504	504
E 火災保険料	114	114	114	114	114	114	114	114	114	114
F 修繕費	708	701	694	687	680	673	667	660	653	647
G その他費用	630	630	630	630	630	630	630	630	630	630
H NOI（純収益）	8,325	8,220	8,133	8,030	7,927	7,843	7,743	7,644	7,562	7,465

	21年度	22年度	23年度	24年度	25年度	26年度	27年度	28年度	29年度	30年度
I 減価償却費1	2,106	2,106	2,106	2,106	2,106	2,106	2,106	2,106	2,106	2,106
J 減価償却費2	0	0	0	0	0	0	0	0	0	0
K 支払利息1	1,346	1,090	867	577	0	22	0	0	0	0
L 支払利息2	0	0	0	0	274	0	0	0	0	0
M 税引前利益	4,873	5,024	5,160	5,347	5,547	5,715	5,637	5,538	5,456	5,359
N 元金返済1	504	6,884	7,133	7,424	7,726	2,645	0	0	0	0
O 元金返済2	3,628	0	0	0	0	0	0	0	0	0
P キャッシュフロー(CF)	352	246	133	29	−73	5,176	7,743	7,644	7,562	7,465
Q 所得税+住民税	1,462	1,507	1,548	1,604	1,664	1,715	1,691	1,661	1,637	1,608
R 修繕積立金	0	0	0	0	0	0	0	0	0	0
S 税引後CF	−1,110	−1,261	−1,415	−1,575	−1,737	3,462	6,052	5,982	5,925	5,857
T 税引後CF累計額	5,148	3,887	2,472	897	−840	2,622	8,674	14,656	20,581	26,439
U 修繕積立金累計	0	0	0	0	0	0	0	0	0	0
V 借入金残高1	31,811	24,927	17,794	10,371	2,645	0	0	0	0	0
W 借入金残高2	0	0	0	0	0	0	0	0	0	0
X 総借入金残高	31,811	24,927	17,794	10,371	2,645	0	0	0	0	0
Y キャップレート	9.26	9.26	9.26	9.26	9.26	9.26	9.26	9.26	9.26	9.26
Z 売却想定額	89,917	88,779	87,840	86,725	85,620	84,711	83,629	82,557	81,677	80,627

収支&CFシート	21年度	22年度	23年度	24年度	25年度	26年度	27年度	28年度	29年度	30年度
A 賃貸収入(共込)	10,490	10,385	10,281	10,178	10,076	9,975	9,876	9,777	9,679	9,582
B 管理費	551	545	540	534	529	524	518	513	508	503
C 固定資産税等	913	896	896	896	896	896	896	896	896	896
D エレベーター保守費	504	504	504	504	504	504	504	504	504	504
E 火災保険料	114	114	114	114	114	114	114	114	114	114
F 修繕費	640	634	628	621	615	609	603	597	591	585
G その他費用	630	630	630	630	630	630	630	630	630	630
H NOI(純収益)	7,138	7,061	6,969	6,878	6,788	6,698	6,610	6,522	6,436	6,350
I 減価償却費1	2,106	877	0	0	0	0	0	0	0	0
J 減価償却費2	0	0	0	0	0	0	0	0	0	0
K 支払利息1	0	0	0	0	0	0	0	0	0	0
L 支払利息2	0	0	0	0	0	0	0	0	0	0
M 税引前利益	5,032	6,184	6,969	6,878	6,788	6,698	6,610	6,522	6,436	6,350
N 元金返済1	0	0	0	0	0	0	0	0	0	0
O 元金返済2	0	0	0	0	0	0	0	0	0	0
P キャッシュフロー(CF)	7,138	7,061	6,969	6,878	6,788	6,698	6,610	6,522	6,436	6,350
Q 所得税+住民税	1,510	1,855	2,300	2,063	2,036	2,009	1,983	1,957	1,931	1,905
R 修繕積立金	0	0	0	0	0	0	0	0	0	0
S 税引後CF	5,628	5,206	4,669	4,814	4,751	4,689	4,627	4,566	4,505	4,445
T 税引後CF累計額	32,067	37,273	41,942	46,756	51,508	56,197	60,824	65,389	69,894	74,339
U 修繕積立金累計	0	0	0	0	0	0	0	0	0	0
V 借入金残高1	0	0	0	0	0	0	0	0	0	0
W 借入金残高2	0	0	0	0	0	0	0	0	0	0
X 総借入金残高	0	0	0	0	0	0	0	0	0	0
Y キャップレート	9.26	9.26	9.26	9.26	9.26	9.26	9.26	9.26	9.26	9.26
Z 売却想定額	77,091	76,264	75,270	74,286	73,311	72,346	71,391	70,446	69,510	68,583

<物件概要書No.2 [ローズコート宝塚] > (別冊①)

投資計画書一覧	基本情報登録	詳細情報登録	融資関連情報登録	投資計画書	キャッシュフロー

基本情報の入力をしてください

作成日	2007/06/15	例:2007/04/01
物件名	ローズコート宝塚	例:和合JP心斎橋
物件種別	収益マンション一棟　地区:その他	例:収益マンション一棟
物件価額	280000 千円	税込価額を入力してください
家賃区分	◉月額 ○年額	
現状家賃(共益費込)	2016 千円	
満室家賃(共益費込)	2205 千円	
所在地(登記)	兵庫県宝塚市松風園6-191	
住　所	兵庫県宝塚市松風園	
交　通	阪急 線 宝塚 駅 徒歩 11 分　バス　停 徒歩　分	例:地下鉄御堂筋線 心斎橋駅徒歩5分
土地面積	504 m²	
前面路線価	120 千円/m² (国税庁路線価図参照)	http://www.rosenka.nta.go.jp
建築年月	平成 9 年 2 月	
間取り等	ワンルームタイプ 35戸	例:1LDK 24室 駐車場10台

建物延床面積	1007 m²				
	1F:	2F:	3F: m²	4F: m²	5F: m²
	6F:	7F:	8F: m²	9F: m²	B1: m²
構 造	鉄筋コンクリート造	5 階建			
用途地域	第2種中高層住居専用地域				
建蔽率	60 %				
容積率	200 %				
ライフライン	電気・上水道・下水道　都市ガス				
接道状況	一方				
接道方向	否　向道路　幅員 6 mに 23 m接道				
	向道路　幅員　 mに　 m接道				

確認

(別冊⑫)

投資計画書一覧	基本情報登録	詳細情報登録	融資関連情報登録	投資計画書	キャッシュフロー
		詳細情報の入力をして下さい			
固定資産税評価額（土地）	49594 千円	土地評価参考価額	49,594千円	実額がわからない場合は参考価額を入力して下さい	
固定資産税評価額（建物）	85658 千円	建物評価参考価額	85,658千円	実額がわからない場合は参考価額を入力して下さい	
固定資産税額（土地）都市計画税を含む	165 千円（年税額）	土地税額参考価額	165千円	実額がわからない場合は参考価額を入力して下さい	
固定資産税額（建物）都市計画税を含む	1456 千円（年税額）	建物税額参考価額	1,456千円	実額がわからない場合は参考価額を入力して下さい	
火災保険料	104 千円	火災保険参考価額	104千円	実額がわからない場合は参考価額を入力して下さい	
持回り保証金	1400 千円			関西圏の場合は入力して下さい	
リフォーム費用	0 千円（本物件取得後、直ちにリフォームが必要な場合のみ入力）			必要なときは見積りを取る	
仲介手数料	●自動計算　○実額入力　　　千円			自動計算は、(税抜物件価額×3%+6万円)+税で表示	
管理費	5 %（共益費込みの現状家賃収入に対する割合）			目安：3～8% 管理内容による	
修繕費	3 %（共益費込みの満室家賃収入に対する割合）			目安：3～5%	
融資関係費	86 千円			目安 86千円	
司法書士手数料	150 千円			目安：融資あり約150千円	
エレベーター保守費	42 千円／月（税抜金額を入力）			目安：30千円～70千円／月	
その他費用	70 千円／月（税抜金額を入力）			税は自動計算します	

修繕積立金	0	% (共益費込みの満室家賃収入に対する割合)				目安:3~5%
土地の時価	300	千円/m²				取引事例による土地価額
家賃下落率	1~5年	6~10年	11~15年	16~20年	21年以上	前年度家賃に対する下落率を表示
	0.5	0.8	1	1	1	
空室率	1~5年	6~10年	11~15年	16~20年	21年以上	各年の空室率を表示
	5	6	7	8	10	
周辺利便施設の状況	閑静な住宅街に位置する					例:徒歩5分圏に病院、スーパーあり

確認

(別冊⑬)

| 投資計画書一覧 | 基本情報登録 | 詳細情報登録 | 融資関連情報登録 | 投資計画書 | キャッシュフロー |

融資関連情報の入力をしてください

建物価額	171887 千円	建物参考価額	171,887千円	参考建物価額は固定資産税で按分されています
土地価額	建物価額で自動計算されます。	土地参考価額	99,519千円	
積算価額	185,707千円			
収益還元価額	229,824千円			

借入可能限度額	借入期間	19年以内	19年～24年以内	24年以上	借入期間によって借入可能限度額が変わります
	借入可能限度額	264,791 千円	243,875 千円	222,958 千円	

借入可能期間	30年 0ヶ月
借入金額1	270000 千円
借入期間1	30 年 0 ヶ月
返済方法1	◉元利均等 ○元金均等

借入金利率1 (単位：%)	1～3年	4～6年	7～9年	10～12年	13～15年	16～18年	19年以降
	2	2.2	2.4	2.6	2.8	3	3.2

借入金額2	0 千円
借入期間2	0 年 0 ヶ月
返済方法2	◉元利均等 ○元金均等	返済方法を選択してください

	1～3年	4～6年	7～9年	10～12年	13～15年	16～18年	19年以降
借入金利率2（単位：％）	0	0	0	0	0	0	0
他の課税所得（単位：千円）	20000	20000	20000	20000	20000	20000	20000

確 認

(別冊⑭)

和合 実のトレジャー発見　不動産投資計画書 I

1	作成日	2007/06/15				
2	物件名	ローズコート宝塚				
3	物件種別	収益マンション一棟	地 区	その他		
4	物件価額	280,000 千円	建物価額： 171,887 千円		消費税額： 8,595 千円	
5	所在地(登記)	土地価額： 99,518 千円　建物価額： 171,887 千円				
6	住　所	兵庫県宝塚市松風園6-191				
7	交　通	兵庫県宝塚市松風園 阪急 宝塚線 宝塚駅 徒歩 11 分　バス 停 徒歩 　分				
8	土地面積	504 m²	前面路線価 120 千円			
9	固定資産税評価額	土地・建物総額 135,252 千円	土地： 49,594 千円	建物： 85,658 千円		
10	固定資産税額等	土地・建物総額 1,621 千円 (都市計画税を含む)	土地： 165 千円	建物： 1,456 千円		
11	建物延床面積	1,007 m²	1F: m²　2F: m²　3F: m²　4F: m²　5F: m² 6F: m²　7F: m²　8F: m²　9F: m²　B1: m²			
12	建築年月	平成 9 年 2 月	構　造	鉄筋コンクリート造	5 階建	
13	間取り等	ワンルームタイプ 35戸				
14	建物償却年数	38 年	設備償却年数	6 年		
15	用途地域	第2種中高層住居専用地域	建蔽率・容積率	60 % ・ 200 %		
16	電気・水道	電気・上水道・下水道	ガ　ス	都市ガス		
17	接道状況	一方	西 向道路 幅員 6 mに 23 m接道 　　向道路 幅員　mに　m接道			
18	周辺利便施設の状況	閑静な住宅街に位置する				
19	積算価額	185,707 千円				
20	借入可能限度額	222,958 千円	収益還元価額	229,824 千円		
21	借入可能期間	30 年 0 ヶ月	時価見積額	288,523 千円		
22	持回り保証金	1,400 千円	(建物取得費加算： 902 千円)			
23	リフォーム費用	0 円				

24	現状家賃(共益費込)	24,192 千円/年		満室家賃(共益費込)	26,460 千円/年	
25	初年度支出合計	15,631 千円		初年度費用合計	6,939 千円	
26	仲介手数料	3,612 千円	【税抜物件価額×3%+6万円】+税		5,551 千円	(建物取得費加算)
27	売買契約書印紙	30 千円	(建物取得費加算: 52 千円)	司法書士手数料	150 千円	
28	金消契約書印紙	100 千円		融資関係費	86 千円	
29	登録免許税	3,289 千円	【内訳 登録免許税土地:496千円 登録免許税建物:1,713千円 登録免許税融資:1,080千円】			
30	不動産取得税	3,314 千円	【内訳 不動産取得税土地:744千円 不動産取得税建物:2,570千円】			
31	管理費	1,270 千円/年	現状家賃/年×5%+税	修繕費	833 千円/年	満室家賃/年×3%+税
32	エレベーター保守費	529 千円/年	月額 42 千円×12+税	火災保険料	104 千円/年	
33	その他の費用	882 千円/年	月額 70 千円×12+税	修繕積立金	0 円/年	満室家賃/年×0%+税
34	家賃下落率	1～5年	6～10年	11～15年	16～20年	21～25年	前年家賃に対する下落率
		0.50 %	0.80 %	1.00 %	1.00 %	1.00 %	
35	空室率	1～5年	6～10年	11～15年	16～20年	21～25年	各年の空室率
		5.00 %	6.00 %	7.00 %	8.00 %	10.00 %	
36	総投資額	297,031 千円		5年度実効税率	50 %	(4～6年度 他の課税所得: 20,000 千円)
37	総借入金額	270,000 千円		自己資金額	27,031 千円	
38	借入1	270,000 千円		借入期間1	30 年 0ヶ月	(元利均等)
39	借入金利率1	1～3年	4～6年	7～9年	10～12年	13～15年	16～18年	19年以降
		2.00 %	2.20 %	2.40 %	2.60 %	2.80 %	3.00 %	3.20 %
40	借入2	0 千円		借入期間2	0 年 0ヶ月	(元利均等)
41	借入金利率2	1～3年	4～6年	7～9年	10～12年	13～15年	16～18年	19年以降
		0.00 %	0.00 %	0.00 %	0.00 %	0.00 %	0.00 %	0.00 %
42	他の課税所得	20,000 千円	20,000 千円	20,000 千円	20,000 千円	20,000 千円	20,000 千円	20,000 千円
43	表面利回り	8.14 %	【現状家賃/年÷総投資額】	キャップレート	7.01 %	【NOI÷(総投資額−初年度費用)】
44	DSCR	1.65	【NOI÷(年間元利返済額)】	LTV	96.43 %	【借入額÷物件価額】
45	CCR	28.70 %	【税引前CF÷自己資金】	自己資金回収期間	6 年	【税引後自己資金累計額≧自己資金】

(別冊⑮)

和合 実のトレジャー発見　不動産投資計画書 II

物件名	ローズコート宝塚					
住所	兵庫県宝塚市松風園					
物件価額	280,000 千円		自己資金額	27,031 千円		
借入1	270,000 千円	30年0ヶ月 (元利均等)	借入2	0 千円	0年0ヶ月 (元利均等)	
初月返済額	997 千円		当初12ヶ月返済額	11,965 千円		

収支＆CFシート	1年度	2年度	3年度	4年度	5年度	6年度	7年度	8年度	9年度	10年度
A 家賃収入 (共込)	14,663	25,011	24,886	24,762	24,638	24,184	23,990	23,798	23,608	23,419
B 管理費	770	1,313	1,307	1,300	1,293	1,270	1,259	1,249	1,239	1,229
C 固定資産税等	946	1,621	1,621	1,592	1,592	1,592	1,563	1,563	1,563	1,535
D エレベーター保守費	309	529	529	529	529	529	529	529	529	529
E 火災保険料	104	104	104	104	104	104	104	104	104	104
F 修繕費	486	829	825	821	817	810	804	797	791	785
G その他費用	7,449	881	881	881	881	881	881	881	881	881
H NOI (純収益)	4,600	19,734	19,619	19,535	19,422	18,998	18,849	18,674	18,500	18,355
I 減価償却費1	2,296	3,937	3,937	3,937	3,937	3,937	3,937	3,937	3,937	3,937
J 減価償却費2	3,636	6,233	6,233	6,233	6,233	6,233				0
K 支払利息1	3,131	5,262	5,126	5,489	5,338	5,184	5,485	5,313	5,138	5,373
L 支払利息2	0	0	0	0	0	0	0	0	0	0
M 税引前利益	-4,463	4,303	4,324	3,877	3,914	3,645	6,831	9,424	9,426	9,046
N 税引1	3,855	6,714	6,850	6,788	6,939	7,093	7,067	7,239	7,415	7,427
O 元金返済1	0	0	0	0	0	0	0	0	0	0
P キャッシュフロー(CF)	4,553	7,758	7,644	7,258	7,145	6,721	6,297	6,122	5,948	5,555
Q 所得税＋住民税	0	2,151	2,162	1,938	1,957	1,822	3,415	4,712	4,713	4,523
R 修繕積立金	0	0	0	0	0	0	0	0	0	0
S 税引後CF	4,553	5,607	5,482	5,320	5,187	4,898	2,882	1,410	1,235	1,032
T 税引後CF累計額	4,553	10,160	15,641	20,961	26,148	31,047	33,928	35,338	36,573	37,605
U 修繕積立金累計	0	0	0	0	0	0	0	0	0	0
V 借入金残高1	266,145	259,431	252,581	245,793	238,854	231,760	224,693	217,454	210,039	202,612
W 借入金残高2	0	0	0	0	0	0	0	0	0	0
X 総借入残高	266,145	259,431	252,581	245,793	238,854	231,760	224,693	217,454	210,039	202,612
Y キャップレート	7.01	7.01	7.01	7.01	7.01	7.01	7.01	7.01	7.01	7.01
Z 売却想定額	65,595	281,400	279,769	278,563	276,949	270,903	268,790	266,289	263,807	261,747

収支＆CFシート	11年度	12年度	13年度	14年度	15年度	16年度	17年度	18年度	19年度	20年度
A 家賃収入 (共込)	22,938	22,709	22,482	22,257	22,034	21,579	21,364	21,150	20,938	20,729
B 管理費	1,204	1,192	1,180	1,168	1,157	1,133	1,122	1,110	1,099	1,088
C 固定資産税等	1,535	1,535	1,507	1,507	1,507	1,480	1,480	1,480	1,454	1,454
D エレベーター保守費	529	529	529	529	529	529	529	529	529	529
E 火災保険料	104	104	104	104	104	104	104	104	104	104
F 修繕費	777	769	761	754	746	739	731	724	717	710
G その他費用	881	881	881	881	881	881	881	881	881	881
H NOI (純収益)	17,908	17,698	17,518	17,313	17,110	16,713	16,516	16,321	16,154	15,963

	21年度	22年度	23年度	24年度	25年度	26年度	27年度	28年度	29年度	30年度
I 減価償却費1	3,937	3,937	3,937	3,937	3,937	3,937	3,937	3,937	3,937	3,937
J 減価償却費2	0	0	0	0	0	0	0	0	0	0
K 支払利息1	5,178	4,977	5,140	4,917	4,687	4,770	4,514	4,249	4,244	3,947
L 支払利息2	0	0	0	0	0	0	0	0	0	0
M 税引前利益	8,794	8,785	8,442	8,460	8,486	8,006	8,066	8,135	7,974	8,079
N 元金返済1	7,623	7,823	7,879	8,102	8,332	8,437	8,693	8,958	9,118	9,414
O 元金返済2	0	0	0	0	0	0	0	0	0	0
P キャッシュフロー(CF)	5,107	4,898	4,499	4,294	4,091	3,506	3,309	3,114	2,793	2,601
Q 所得税+住民税	4,397	4,392	4,221	4,230	4,243	4,003	4,033	4,068	3,987	4,040
R 修繕積立金	711	506	278	64	−153	−497	−724	−953	−1,195	−1,438
S 税引後CF	58,316	38,821	39,100	39,164	39,011	38,514	37,791	36,837	35,643	34,205
T 税引後CF累計額	0	0	0	0	0	0	0	0	0	0
U 修繕積立金累計	154,989	187,166	179,287	171,185	162,852	154,416	145,723	136,765	127,647	118,232
V 借入金残高1	154,989	187,166	179,287	171,185	162,852	154,416	145,723	136,765	127,647	118,232
W 借入金残高2	7.01	7.01	7.01	7.01	7.01	7.01	7.01	7.01	7.01	7.01
X 総借入金残高	255,362	252,374	249,809	246,880	243,980	238,328	235,517	232,735	230,361	227,634
Y キャップレート										
Z 売却想定額										

	21年度	22年度	23年度	24年度	25年度	26年度	27年度	28年度	29年度	30年度
A 収支＆CFシート 家賃収入(共込)	20,076	19,875	19,676	19,479	19,285	19,092	18,901	18,712	18,525	18,339
B 管理費	1,054	1,043	1,033	1,023	1,012	1,002	992	982	973	963
C 固定資産税等	1,454	1,427	1,427	1,427	1,427	1,427	1,427	1,427	1,427	1,427
D エレベーター保守費	529	529	529	529	529	529	529	529	529	529
E 火災保険料	104	104	104	104	104	104	104	104	104	104
F 修繕費	703	696	689	682	675	668	662	655	648	642
G その他費用	881	881	881	881	881	881	881	881	881	881
H NOI(純収益)	15,351	15,194	15,013	14,833	14,656	14,480	14,305	14,133	13,962	13,793
I 減価償却費1	3,937	3,937	3,937	3,937	3,937	3,937	3,937	3,937	3,937	3,937
J 減価償却費2	0	0	0	0	0	0	0	0	0	0
K 支払利息1	3,642	3,326	3,000	2,664	2,316	1,958	1,587	1,205	810	402
L 支払利息2	0	0	0	0	0	0	0	0	0	0
M 税引前利益	7,773	7,932	8,076	8,233	8,403	8,585	8,782	8,991	9,216	9,454
N 元金返済1	9,720	10,036	10,362	10,698	11,046	11,404	11,775	12,157	12,552	12,959
O 元金返済2	0	0	0	0	0	0	0	0	0	0
P キャッシュフロー(CF)	1,989	1,832	1,651	1,471	1,294	1,118	943	771	600	431
Q 所得税+住民税	3,886	3,966	4,038	4,117	4,201	4,293	4,391	4,496	4,608	4,727
R 修繕積立金	0	0	0	0	0	0	0	0	0	0
S 税引後CF	−1,897	−2,133	−2,387	−2,645	−2,908	−3,175	−3,447	−3,725	−4,007	−4,296
T 税引後CF累計額	52,307	30,174	27,787	25,142	22,234	19,059	15,612	11,887	7,879	3,584
U 修繕積立金累計	0	0	0	0	0	0	0	0	0	0
V 借入金残高1	108,512	98,476	88,114	77,416	66,370	54,966	43,191	31,034	18,483	5,523
W 借入金残高2	0	0	0	0	0	0	0	0	0	0
X 総借入金残高	108,512	98,476	88,114	77,416	66,370	54,966	43,191	31,034	18,483	5,523
Y キャップレート	7.01	7.01	7.01	7.01	7.01	7.01	7.01	7.01	7.01	7.01
Z 売却想定額	218,907	216,667	214,081	211,521	208,986	206,477	203,993	201,533	199,099	196,688

<物件概要書No.3 [グレイス花咲] > (別冊⑯)

物件概要書一覧	基本情報登録	詳細情報登録	融資関連情報登録	投資計画書	キャッシュフロー
投資計画書					

基本情報の入力をして下さい

項目	入力値	備考
作成日	2007/07/01	例：2007/04/01
物件名	グレイス花咲	例：和合JP心斎橋
物件種別	収益マンション一棟　地区：その他	例：収益マンション一棟
物件価額	90000　千円	税込価額を入力してください
家賃区分	◉月額　○年額	
現状家賃(共益費込)	756　千円	
満室家賃(共益費込)	756　千円	
所在地(登記)	大阪府高槻市花咲町12-53	
住所	大阪府高槻市花咲町	
交通	JR東海道　線　高槻　駅 徒歩 12 分　バス　停 徒歩　分	例：地下鉄御堂筋線　心斎橋駅徒歩5分
土地面積	367　m²	
前面路線価	110　千円/m²（国税庁路線価図参照）	http://www.rosenka.nta.go.jp
建築年月	平成　6　年　9　月	
間取り等	ファミリータイプ 2LDK 9戸	例：1LDK 24室 駐車場10台

建物延床面積	502		m²					
	1F:	2F:	3F:	4F:	5F:			m²
	6F:	7F:	8F:	9F:	B1:			m²
構造	鉄骨造		4 階建					
用途地域	第2種中高層住居専用地域							
建蔽率	30 %							
容積率	200 %							
ライフライン	電気・上水道・下水道　都市ガス							
接道状況	一方							
接道方向	東　向道路　幅員 5 mに 11 m接道							
	向道路　幅員　 mに　 m接道							

確認

(別冊⑰)

投資計画書一覧	基本情報登録	詳細情報登録	融資関連情報登録	投資計画書	キャッシュフロー
		詳細情報の入力をしてください			
固定資産評価額(土地)	33103	千円	土地評価参考価額	33,103千円	実額がわからない場合は参考価額を入力してください
固定資産評価額(建物)	38915	千円	建物評価参考価額	38,915千円	実額がわからない場合は参考価額を入力してください
固定資産税額(土地)都市計画税を含む	110	千円(年税額)	土地税額参考価額	110千円	実額がわからない場合は参考価額を入力してください
固定資産税額(建物)都市計画税を含む	662	千円(年税額)	建物税額参考価額	662千円	実額がわからない場合は参考価額を入力してください
火災保険料	79	千円	火災保険参考価額	79千円	実額がわからない場合は参考価額を入力してください
持回り保証金	800	千円			関西圏の場合は入力下さい
リフォーム費用	0	千円(本物件取得後、直ちにリフォームが必要な場合のみ入力)			必要なときは見積りを取る
仲介手数料	●自動計算 ○実額入力	千円			自動計算は、(税抜物件価額×3%+6万円)+税で表示
管理費	5	%(共益費込みの現状家賃収入に対する割合)			目安:3〜8% 管理内容による
修繕費	3	%(共益費込みの満室家賃収入に対する割合)			目安:3〜5%
融資関係費	86	千円			目安 86千円
司法書士手数料	150	千円			目安:融資あり約150千円
エレベーター保守費	35	千円/月(税抜金額を入力)			目安:30千円〜70千円/月
その他費用	40	千円/月(税抜金額を入力)			税は自動計算します

修繕積立金	0					% (共益費込みの満室家賃収入に対する割合)	目安：3～5%
土地の時価	200					千円／m²	取引事例による土地価額
家賃下落率		1～5年	6～10年	11～15年	16～20年	21年以上	前年度家賃に対する下落率を表示
		0.5	0.8	1	1	1	
空室率		1～5年	6～10年	11～15年	16～20年	21年以上	各年の空室率を表示
		4	5	6	7	8	
周辺利便施設の状況	学校区の良い地域にあり						例：徒歩5分圏に病院、スーパーあり

確 認

(別冊⑱)

| 投資計画書一覧 | 基本情報登録 | 詳細情報登録 | 融資関連情報登録 | 投資計画書 | キャッシュフロー |

融資関連情報の入力をして下さい

建物価額	48149	千円	建物参考価額	47,352千円		参考建物価額は固定資産税で按分されています
土地価額	建物価額で自動計算されます。		土地参考価額	40,280千円		
積算価額	86,373千円					
収益還元価額	86,184千円					
借入可能限度額		借入期間	17年以内	17年～22年以内	22年以上	借入期間によって借入可能限度額が変わります
		借入可能限度額	78,660 千円	72,264 千円	65,868 千円	
借入可能期間	21年2ヶ月					
借入金額1	84000	千円				
借入期間1	21 年 0 ヶ月					
返済方法1	◉元利均等 ○元金均等					返済方法を選択してください
借入金利率1（単位：%）	1～3年	4～6年	7～9年	10～12年	13～15年	16～18年	19年以降
	2.3	2.5	2.7	2.9	3.1	3.3	3.5
借入金額2	0	千円				
借入期間2	0 年 0 ヶ月					
返済方法2	◉元利均等 ○元金均等					返済方法を選択してください

	1～3年	4～6年	7～9年	10～12年	13～15年	16～18年	19年以降
借入金利率2 (単位：%)	0	0	0	0	0	0	0
他の課税所得 (単位：千円)	7000	7300	7600	4000	4000	2000	2000

確認

(別冊⑲)

和合 実のトレジャー発見　不動産投資計画書 I

1	作成日	2007/07/01			
2	物件名	グレイス花咲			
3	物件種別	収益マンション一棟	地　区	その他	
4	物件価額	90,000 千円			
		土地価額： 39,443 千円　建物価額： 48,149 千円　消費税額： 2,408 千円			
5	所在地(登記)	大阪府高槻市花咲町12-53			
6	住　所	大阪府高槻市花咲町			
7	交　通	JR東海道線 高槻駅 徒歩12分　バス 停 徒歩 分			
8	土地面積	367 m²	前面路線価	110 千円	
9	固定資産税評価額	72,018 千円	土地・建物総額	土地： 33,103 千円　建物： 38,915 千円	
10	固定資産税額等	772 千円 (都市計画税を含む)	土地・建物総額	土地： 110 千円　建物： 662 千円	
11	建物延床面積	502 m²	1F: m²　2F: m²　3F: m²　4F: m²　5F: m² 6F: m²　7F: m²　8F: m²　9F: m²　B1: m²		
12	建築年月	平成 6 年 9 月	構　造	鉄骨造 4階建	
13	間取り等	ファミリータイプ 2LDK 9戸			
14	建物償却年数	23 年	設備償却年数	4 年	
15	用途地域	第2種中高層住居専用地域	建蔽率・容積率	60 % ・ 200 %	
16	電気・水道	電気・上水道・下水道	ガ　ス	都市ガス	
17	接道状況	一方	東 向道路 幅員 5 mに 11 m接道 　向道路 幅員　 mに　 m接道		
18	周辺利便施設の状況	学校区の良い地域にあり			
19	積算価額	86,373 千円	収益還元価額	86,184 千円	
20	借入可能限度額	65,868 千円	時価見積額	119,403 千円	
21	借入可能期間	21 年 2 ヶ月	(建物取得費加算： 449 千円)		
22	持回り保証金	800 千円			
23	リフォーム費用	0 千円			

24	現状家賃(共益費込)	9,072 千円/年		満室家賃(共益費込)	9,072 千円/年	
25	初年度支出合計	6,272 千円		初年度費用合計	3,405 千円	
26	仲介手数料	2,822 千円	【税抜物件価額×3%＋6万円】＋税	売買仲介手数料	1,585 千円	(建物取得費加算: 千円)
27	売買契約書印紙	45 千円	(建物取得費加算: 25 千円)	司法書士手数料	150 千円	
28	金消契約書印紙	60 千円		融資関係費	86 千円	
29	登録免許税	1,445 千円	【内訳: 登録免許税土地:331千円 登録免許税建物:778千円 登録免許税融資:336千円】			
30	不動産取得税	1,664 千円	【内訳: 不動産取得税土地:497千円 不動産取得税建物:1,167千円】			
31	管理費	476 千円/年	現状家賃/年×5%＋税	満室家賃/年×3%＋税	286 千円/年	
32	エレベーター保守費	441 千円/年	月額 35千円×12＋税	火災保険料	79 千円/年	
33	その他の費用	504 千円/年	月額 40千円×12＋税	修繕積立金	0 千円/年	満室家賃/年×0%＋税
34	家賃下落率	1～5年 0.50 %	6～10年 0.80 %	11～15年 1.00 %	16～20年 1.00 %	21～25年 1.00 %	前年家賃に対する下落率
35	空室率	1～5年 4.00 %	6～10年 5.00 %	11～15年 6.00 %	16～20年 7.00 %	21～25年 8.00 %	各年の空室率
36	総投資額	97,072 千円		5年度実効税率	33 %（4～6年度 他の課税所得: 7,300 千円）	
37	総借入金額	84,000 千円		自己資金額	13,072 千円	
38	借入1	84,000 千円		借入期間1	21年 0ヶ月	(元利均等)
39	借入金利率1	1～3年 2.30 %	4～6年 2.50 %	7～9年 2.70 %	10～12年 2.90 %	13～15年 3.10 %	16～18年 3.30 %	19年以降 3.50 %
40	借入2	0 千円		借入期間2	0年 0ヶ月	(元利均等)
41	借入金利率2	1～3年 0.00 %	4～6年 0.00 %	7～9年 0.00 %	10～12年 0.00 %	13～15年 0.00 %	16～18年 0.00 %	19年以降 0.00 %
42	他の課税所得	7,000 千円	1～3年	7,300 千円 4～6年	7,600 千円 7～9年	4,000 千円 10～12年	4,000 千円 13～15年	2,000 千円 16～18年	2,000 千円 19年以降
43	表面利回り	9.35 %	現状家賃÷総投資額	キャップレート	6.75 %	【NOI÷(総投資額－初年度費用)】
44	DSCR	1.21	【NOI÷(年間元利返済額)】	LTV	93.33 %	【借入額÷総投資物件価額】
45	CCR	8.29 %	【税引前CF÷自己資金】	自己資金回収期間	年	【税引後自己資金累計額⊇自己資金】

(別冊⑳)

和合 実のトレジャー発見　不動産投資計画書 II

物件名	グレイス花咲			
住所	大阪府高槻市花咲町			
物件価額	90,000 千円	自己資金額	13,072 千円	
借入1	84,000 千円	借入2	0 千円	
初月返済額	420 千円	21年0ヶ月 (元利均等)	当初12ヶ月返済額	5,041 千円　0年0ヶ月 (元利均等)

		1年度	2年度	3年度	4年度	5年度	6年度	7年度	8年度	9年度	10年度
	収支＆CFシート										
A	家賃収入(共込)	4,355	8,666	8,622	8,579	8,536	8,380	8,313	8,246	8,180	8,115
B	管理費	229	455	453	450	448	440	436	433	429	426
C	固定資産税等	386	772	772	760	760	760	749	749	749	738
D	エレベーター保守費	220	441	441	441	441	441	441	441	441	441
E	火災保険料	79	79	79	79	79	79	79	79	79	79
F	修繕費	143	284	283	282	280	278	276	273	271	269
G	その他費用	3,651	503	503	503	503	503	503	503	503	503
H	NOI(純収益)	-353	6,131	6,092	6,064	6,025	5,879	5,829	5,768	5,708	5,659
I	減価償却費1	915	1,830	1,830	1,830	1,830	1,830	1,830	1,830	1,830	1,830
J	減価償却費2	1,315	2,631	2,631	2,631	1,315	0	0	0	0	0
K	支払利息1	959	1,863	1,789	1,862	1,780	1,695	1,737	1,642	1,545	1,552
L	支払利息2	0	0	0	0	0	0	0	0	0	0
M	税引前利益	-3,542	-192	-158	-260	1,099	2,354	2,261	2,295	2,333	2,277
N	元金返済1	1,565	3,185	3,259	3,272	3,355	3,440	3,473	3,568	3,665	3,720
O	元金返済2	0	0	0	0	0	0	0	0	0	0
P	キャッシュフロー(CF)	528	1,084	1,044	929	890	744	619	558	498	387
Q	所得税＋住民税	0	0	0	0	363	1,742	1,732	1,747	1,763	683
R	修繕積立金	0	0	0	0	0	0	0	0	0	0
S	税引後CF	528	1,084	1,044	929	527	-998	-1,113	-1,189	-1,265	-296
T	税引後CF累計額	528	1,612	2,657	3,586	4,113	3,115	2,001	812	-453	-749
U	修繕積立金累計	0	0	0	0	0	0	0	0	0	0
V	借入金残高1	82,435	79,250	75,992	72,719	69,364	65,925	62,452	58,884	55,219	51,500
W	借入金残高2	0	0	0	0	0	0	0	0	0	0
X	総借入金残高	82,435	79,250	75,992	72,719	69,364	65,925	62,452	58,884	55,219	51,500
Y	キャップレート	6.75	6.75	6.75	6.75	6.75	6.75	6.75	6.75	6.75	6.75
Z	売却想定額	-5,234	90,800	90,213	89,801	89,220	87,057	86,318	85,417	84,524	83,804

		11年度	12年度	13年度	14年度	15年度	16年度	17年度	18年度	19年度	20年度
	収支＆CFシート										
A	家賃収入(共込)	7,949	7,870	7,791	7,713	7,636	7,560	7,479	7,404	7,330	7,257
B	管理費	417	413	409	405	401	397	393	389	385	381
C	固定資産税等	738	738	727	727	727	716	716	716	716	705
D	エレベーター保守費	441	441	441	441	441	441	441	441	441	441
E	火災保険料	79	79	79	79	79	79	79	79	79	79
F	修繕費	266	264	261	258	256	253	251	248	246	243
G	その他費用	503	503	503	503	503	503	503	503	503	503
H	NOI(純収益)	5,505	5,432	5,371	5,300	5,229	5,094	5,026	4,958	4,902	4,836

	21年度	22年度	23年度	24年度	25年度	26年度	27年度	28年度	29年度	30年度
I 減価償却費1	1,830	1,830	1,830	1,830	1,830	1,830	1,830	1,830	1,830	1,830
J 減価償却費2	0	0	0	0	0	0	0	0	0	0
K 支払利息1	1,443	1,330	1,299	1,172	1,042	966	819	667	542	370
L 支払利息2	0	0	0	0	0	0	0	0	0	0
M 税引前利益	2,232	2,271	2,242	2,297	2,357	2,298	2,376	2,461	2,530	2,636
N 元金返済1	3,829	3,941	4,021	4,148	4,278	4,388	4,535	4,686	4,831	5,003
O 元金返済2	0	0	0	0	0	0	0	0	0	0
P キャッシュフロー(CF)	233	160	51	-20	-91	-260	-328	-396	-471	-537
Q 所得税+住民税	669	681	673	689	707	889	913	938	959	991
R 修繕積立金	0	0	0	0	0	0	0	0	0	0
S 税引後CF	-437	-521	-622	-709	-798	-1,149	-1,241	-1,334	-1,430	-1,528
T 税引後CF累計額	-1,185	-1,707	-2,328	-3,038	-3,836	-4,984	-6,225	-7,559	-8,989	-10,516
U 修繕積立金累計	0	0	0	0	0	0	0	0	0	0
V 借入金残高1	17,671	43,729	39,708	35,561	31,282	26,895	22,360	17,674	12,843	7,840
W 借入金残高2	0	0	0	0	0	0	0	0	0	0
X 総借入金残高	47,671	43,729	39,708	35,561	31,282	26,895	22,360	17,674	12,843	7,840
Y キャップレート	6.75	6.75	6.75	6.75	6.75	6.75	6.75	6.75	6.75	6.75
Z 売却想定額	81,519	80,443	79,542	78,487	77,443	75,443	74,431	73,429	72,596	71,614

	21年度	22年度	23年度	24年度	25年度	26年度	27年度	28年度	29年度	30年度
収支＆CFシート										
A 家賃収入（共込）	7,036	6,966	6,896	6,827	6,759	6,691	6,624	6,558	6,492	6,428
B 管理費	369	366	362	358	355	351	348	344	341	337
C 固定資産税等	705	694	694	694	694	694	694	694	694	694
D エレベータ保守費	441	441	441	441	441	441	441	441	441	441
E 火災保険料	79	79	79	79	79	79	79	79	79	79
F 修繕費	241	238	236	234	231	229	227	225	222	220
G その他費用	503	503	503	503	503	503	503	503	503	503
H NOI(純収益)	4,698	4,644	4,580	4,517	4,455	4,393	4,332	4,272	4,212	4,153
I 減価償却費1	1,830	1,830	1,830	915	0	0	0	0	0	0
J 減価償却費2	0	0	0	0	0	0	0	0	0	0
K 支払利息1	192	27	0	0	0	0	0	0	0	0
L 支払利息2	0	0	0	0	0	0	0	0	0	0
M 税引前利益	2,676	2,787	2,750	3,602	4,455	4,393	4,332	4,272	4,212	4,153
N 元金返済1	5,181	2,659	0	0	0	0	0	0	0	0
O 元金返済2	0	0	0	0	0	0	0	0	0	0
P キャッシュフロー(CF)	-675	1,958	4,580	4,517	4,455	4,393	4,332	4,272	4,212	4,153
Q 所得税+住民税	1,003	1,036	1,025	1,281	1,537	1,518	1,500	1,482	1,464	1,446
R 修繕積立金	0	0	0	0	0	0	0	0	0	0
S 税引後CF	-1,678	922	3,555	3,237	2,919	2,875	2,833	2,790	2,748	2,707
T 税引後CF累計額	-12,194	-11,272	-7,717	-4,480	-1,562	1,313	4,146	6,936	9,684	12,391
U 修繕積立金累計	0	0	0	0	0	0	0	0	0	0
V 借入金残高1	2,659	0	0	0	0	0	0	0	0	0
W 借入金残高2	0	0	0	0	0	0	0	0	0	0
X 総借入金残高	2,659	0	0	0	0	0	0	0	0	0
Y キャップレート	6.75	6.75	6.75	6.75	6.75	6.75	6.75	6.75	6.75	6.75
Z 売却想定額	69,569	68,774	67,832	66,899	65,976	65,062	64,157	63,261	62,374	61,496

(別冊②)

和合 実のトレジャー発見 不動産投資計画書Ⅱ 他の課税所得0の場合

物件名	(コピー)グレイス花咲			
住所	大阪府高槻市花咲町			
物件価額	90,000千円	自己資金額	13,072千円	
借入1	84,000千円 21年0ヶ月(元利均等)	借入2	0千円	
初月返済額	420千円	当初12ヶ月返済額	5,041千円	

収支&CFシート	1年度	2年度	3年度	4年度	5年度	6年度	7年度	8年度	9年度	10年度
A 家賃収入(共込)	4,355	8,666	8,622	8,579	8,536	8,380	8,313	8,246	8,180	8,115
B 管理費	229	455	453	450	448	440	436	433	429	426
C 固定資産税等	386	772	772	760	760	760	749	749	749	738
D エレベーター保守費	220	441	441	441	441	441	441	441	441	441
E 火災保険料	79	79	79	79	79	79	79	79	79	79
F 修繕費	143	284	283	282	280	278	276	273	271	269
G その他費用	3,651	503	503	503	503	503	503	503	503	503
H NOI(純収益)	-353	6,131	6,092	6,064	6,025	5,879	5,829	5,768	5,708	5,659
I 減価償却費1	915	1,830	1,830	1,830	1,830	1,830	1,830	1,830	1,830	1,830
J 減価償却費2	1,315	2,631	2,631	2,631	1,315	0	0	0	0	0
K 支払利息1	959	1,863	1,789	1,862	1,780	1,695	1,737	1,642	1,545	1,552
L 支払利息2	0	0	0	0	0	0	0	0	0	0
M 税引前利益	-3,542	-192	-158	-260	1,099	2,354	2,261	2,295	2,333	2,277
N 元金返済1	1,565	3,185	3,259	3,272	3,355	3,440	3,473	3,568	3,665	3,720
O 元金返済2	0	0	0	0	0	0	0	0	0	0
P キャッシュフロー(CF)	528	1,084	1,044	929	890	744	619	558	498	387
Q 所得税+住民税	0	0	0	0	165	471	452	459	467	455
R 修繕積立金	0	0	0	0	0	0	0	0	0	0
S 税引後CF	528	1,084	1,044	929	725	273	167	99	31	-68
T 税引後CF累計額	528	1,612	2,657	3,586	4,311	4,584	4,751	4,850	4,881	4,813
U 修繕積立金累計	0	0	0	0	0	0	0	0	0	0
V 借入金残高1	82,435	79,250	75,992	72,719	69,364	65,925	62,452	58,884	55,219	51,500
W 借入金残高2	0	0	0	0	0	0	0	0	0	0
X 総借入金残高	82,435	79,250	75,992	72,719	69,364	65,925	62,452	58,884	55,219	51,500
Y キャップレート	6.75	6.75	6.75	6.75	6.75	6.75	6.75	6.75	6.75	6.75
Z 売却想定額	-5,234	90,800	90,213	89,801	89,220	87,057	86,318	85,417	84,524	83,804

収支&CFシート	11年度	12年度	13年度	14年度	15年度	16年度	17年度	18年度	19年度	20年度
A 家賃収入(共込)	7,949	7,870	7,791	7,713	7,636	7,479	7,404	7,330	7,257	7,184
B 管理費	417	413	409	405	401	393	389	385	381	377
C 固定資産税等	738	738	727	727	727	716	716	716	705	705
D エレベーター保守費	441	441	441	441	441	441	441	441	441	441
E 火災保険料	79	79	79	79	79	79	79	79	79	79
F 修繕費	266	264	261	258	256	253	251	248	246	243
G その他費用	503	503	503	503	503	503	503	503	503	503
H NOI(純収益)	5,505	5,432	5,371	5,300	5,229	5,094	5,026	4,958	4,902	4,836

	21年度	22年度	23年度	24年度	25年度	26年度	27年度	28年度	29年度	30年度
I 減価償却費1	1,830	1,830	1,830	1,830	1,830	1,830	1,830	1,830	1,830	1,830
J 減価償却費2	0	0	0	0	0	0	0	0	0	0
K 支払利息1	1,443	1,330	1,299	1,172	1,042	966	819	667	542	370
L 支払利息2	0	0	0	0	0	0	0	0	0	0
M 税引前利益	2,232	2,271	2,242	2,297	2,357	2,298	2,376	2,461	2,530	2,636
N 元金返済1	3,829	3,941	4,021	4,148	4,278	4,388	4,535	4,686	4,831	5,003
O 元金返済2	0	0	0	0	0	0	0	0	0	0
P キャッシュフロー(CF)	233	160	51	-20	-91	-260	-328	-396	-471	-537
Q 所得税+住民税	446	454	448	459	471	460	475	492	506	527
R 修繕積立金	0	0	0	0	0	0	0	0	0	0
S 税引後CF	-214	-294	-397	-480	-562	-719	-803	-888	-977	-1,064
T 税引後CF累計額	4,599	4,305	3,908	3,428	2,866	2,147	1,343	456	-521	-1,585
U 修繕積立金累計	0	0	0	0	0	0	0	0	0	0
V 借入金残高1	47,671	43,729	39,708	35,561	31,282	26,895	22,360	17,674	12,843	7,840
W 借入金残高2	0	0	0	0	0	0	0	0	0	0
X 総借入金残高	47,671	43,729	39,708	35,561	31,282	26,895	22,360	17,674	12,843	7,840
Y キャップレート	6.75	6.75	6.75	6.75	6.75	6.75	6.75	6.75	6.75	6.75
Z 売却想定額	81,519	80,443	79,542	78,487	77,443	75,443	74,431	73,429	72,596	71,614

	21年度	22年度	23年度	24年度	25年度	26年度	27年度	28年度	29年度	30年度
A 収支＆CFシート										
A 家賃収入(共込)	7,036	6,966	6,896	6,827	6,759	6,691	6,624	6,558	6,492	6,428
B 管理費	369	366	362	358	355	351	348	344	341	337
C 固定資産税等	705	694	694	694	694	694	694	694	694	694
D エレベーター保守費	441	441	441	441	441	441	441	441	441	441
E 火災保険料	79	79	79	79	79	79	79	79	79	79
F 修繕費	241	238	236	234	231	229	227	225	222	220
G その他費用	503	503	503	503	503	503	503	503	503	503
H NOI(純収益)	4,698	4,644	4,580	4,517	4,455	4,393	4,332	4,272	4,212	4,153
I 減価償却費1	1,830	1,830		915						
J 減価償却費2	0	0	0	0	0	0	0	0	0	0
K 支払利息1	192	27	0	0	0	0	0	0	0	0
L 支払利息2	0	0	0	0	0	0	0	0	0	0
M 税引前利益	2,676	2,787	2,750	3,602	4,455	4,393	4,332	4,272	4,212	4,153
N 元金返済1	5,181	2,659	0	0	0	0	0	0	0	0
O 元金返済2	0	0	0	0	0	0	0	0	0	0
P キャッシュフロー(CF)	-675	1,958	4,580	4,517	4,455	4,393	4,332	4,272	4,212	4,153
Q 所得税+住民税	535	557	550	1,081	1,337	1,318	1,300	1,282	1,264	1,246
R 修繕積立金	0	0	0	0	0	0	0	0	0	0
S 税引後CF	-1,210	1,400	4,030	3,437	3,119	3,075	3,033	2,990	2,948	2,907
T 税引後CF累計額	-2,795	-1,395	2,636	6,072	9,191	12,266	15,299	18,289	21,237	24,144
U 修繕積立金累計	0	0	0	0	0	0	0	0	0	0
V 借入金残高1	2,659	0	0	0	0	0	0	0	0	0
W 借入金残高2	0	0	0	0	0	0	0	0	0	0
X 総借入金残高	2,659	0	0	0	0	0	0	0	0	0
Y キャップレート	6.75	6.75	6.75	6.75	6.75	6.75	6.75	6.75	6.75	6.75
Z 売却想定額	63,569	68,774	67,832	66,899	65,976	65,062	64,157	63,261	62,374	61,496

<物件概要書No.4 [桜町DJライフ] >   (別冊②)
マンションとして

投資計画書一覧	基本情報登録	詳細情報登録	融資関連情報登録	投資計画書	キャッシュフロー

基本情報の入力をしてください

作成日	2007/08/01	例：2007/04/01
物件名	桜町DJライフ	例：和合JP心斎橋
物件種別	収益マンション一棟　地区：その他	例：収益マンション一棟
物件価額	81000 千円	税込価額を入力してください
家賃区分	○月額 ●年額	
現状家賃(共益費込)	8400 千円	
満室家賃(共益費込)	8400 千円	
所在地(登記)	大阪府大阪市北区桜町三丁目27-9	
住　所	大阪府大阪市北区桜町三丁目5-44	
交　通	地下鉄　御堂筋　線　中津　駅 徒歩 9 分	例：地下鉄御堂筋線 心斎橋駅徒歩5分
	バス　停 徒歩　分	
土地面積	63 m²	
前面路線価	300 千円/m² (国税庁 路線価図参照)	http://www.rosenka.nta.go.jp
建築年月	昭和　62 年 9 月	

間取り等	店舗1戸・事務所兼用住宅7戸			例: 1LDK 24室 駐車場10台
建物延床面積	221 m²			
	1F: 45 m²	2F: 47 m²	3F: 47 m²	4F: 47 m²	5F: 35 m²
	6F: m²	7F: m²	8F: m²	9F: m²	B1: m²
構　造	鉄筋コンクリート造	5 階建		
用途地域	商業地域			
建蔽率	80 %			
容積率	480 %			
ライフライン	電気・上水道・下水道	都市ガス		
接道状況	一方			
接道方向	南 向道路 幅員 8 mに 5.5 m接道			
	向道路 幅員 mに m接道			

確認

(別冊㉓)

投資計画書一覧	基本情報登録	詳細情報登録	融資関連情報登録	投資計画書	キャッシュフロー
		詳細情報の入力をしてください			
固定資産税評価額（土地）	15837	千円	土地評価参考価額 16,821千円	実額がわからない場合は参考価額を入力して下さい	
固定資産税評価額（建物）	15270	千円	建物評価参考価額 14,815千円	実額がわからない場合は参考価額を入力して下さい	
固定資産税額（土地）都市計画税を含む	187	千円（年税額）	土地税額参考価額 56千円	実額がわからない場合は参考価額を入力して下さい	
固定資産税額（建物）都市計画税を含む	260	千円（年税額）	建物税額参考価額 252千円	実額がわからない場合は参考価額を入力して下さい	
火災保険料	23	千円	火災保険参考価額 23千円	実額がわからない場合は参考価額を入力して下さい	
持回り保証金	500	千円		関西圏の場合は入力下さい	
リフォーム費用	0	千円（本物件取得後、直ちにリフォームが必要な場合のみ入力）		必要なときは見積りを取る	
仲介手数料	●自動計算 ○実額入力	千円		自動計算は、(税抜物件価額×3%+6万円)+税で表示	
管理費	5	%（共益費込みの現状家賃収入に対する割合）		目安：3～8% 管理内容による	
修繕費	3	%（共益費込みの満室家賃収入に対する割合）		目安：3～5%	
融資関係費	86	千円		目安 86千円	
司法書士手数料	150	千円		目安：融資あり約150千円	
エレベーター保守費	0	千円／月（税抜金額を入力）		目安：30千円～70千円／月	
その他費用	50	千円／月（税抜金額を入力）		税は自動計算します	

修繕積立金	3	% (共益費込みの満室家賃収入に対する割合)				目安:3〜5%
土地の時価	910	千円/m²				取引事例による土地価額
家賃下落率	1〜5年	6〜10年	11〜15年	16〜20年	21年以上	前年度家賃に対する下落率を表示
	0.5	0.8	1	1	1	
空室率	1〜5年	6〜10年	11〜15年	16〜20年	21年以上	各年の空室率を表示
	4	5	5	6	6	
周辺利便施設の状況	繁華街まで徒歩5分、ビジネス街のはずれに位置する職住近接エリア					例:徒歩5分圏に病院、スーパーあり

確認

(別冊㉔)

融資関連情報登録

融資関連情報の入力をして下さい

建物価額	39000 千円	建物参考価額	38,809千円		参考建物価額は固定資産税で按分されています
土地価額		建物価額で自動計算されます。	土地参考価額	40,250千円	
積算価額	41,161千円				
収益還元価額	79,800千円				
借入可能限度額	借入期間	10年以内	10年～15年以内	15年以上	借入期間によって借入可能限度額が変わります
	借入可能限度額	91,147千円	84,277千円	77,407千円	
借入可能期間	27年1ヶ月				
借入金額1	0 千円				
借入期間1	0 年 0 ヶ月				
返済方法1	◉元利均等 ○元金均等				返済方法を選択してください
借入金利率1（単位：%）	1～3年: 0	4～6年: 0	7～9年: 0	10～12年: 0	13～15年: 0	16～18年: 0	19年以降: 0
借入金額2	0 千円				
借入期間2	0 年 0 ヶ月				
返済方法2	○元利均等 ◉元金均等				返済方法を選択してください

	1～3年	4～6年	7～9年	10～12年	13～15年	16～18年	19年以降
借入金利率2 （単位：％）	0	0	0	0	0	0	0
他の課税所得 （単位：千円）	0	0	0	0	0	0	0

確認

(別冊㉕)
ビルとして

| 投資計画書一覧 | 基本情報登録 | 詳細情報登録 | 融資関連情報登録 | 投資計画書 | キャッシュフロー |

融資関連情報の入力をしてください

建物価額	39000 千円	建物参考価額	38,809千円		参考建物価額は固定資産税で按分されています	
土地価額	建物価額で自動計算されます。	土地参考価額	40,250千円			
積算価額	41,161千円					
収益還元価額	79,800千円					
借入可能限度額	借入期間	10年以内	10年～15年以内	15年以上	借入期間によって借入可能限度額が変わります	
	借入可能限度額	24,696 千円	24,696 千円	24,696 千円		
借入可能期間	27年1ヶ月					
借入金額1	0 千円					
借入期間1	0 年 0 ヶ月					
返済方法1	◉元利均等 ○元金均等				返済方法を選択してください	
借入金利率1 (単位:%)	1～3年 0	4～6年 0	7～9年 0	10～12年 0	13～15年 0	16～18年 0	19年以降 0
借入金額2	0 千円					
借入期間2	0 年 0 ヶ月					
返済方法2	○元利均等 ◉元金均等				返済方法を選択してください	

借入金利率2 (単位:%)	1~3年	4~6年	7~9年	10~12年	13~15年	16~18年	19年以降
	0	0	0	0	0	0	0

他の課税所得 (単位:千円)	1~3年	4~6年	7~9年	10~12年	13~15年	16~18年	19年以降
	0	0	0	0	0	0	0

確 認

(別冊㉖)
最終ビル一棟として

和合実のトレジャー発見　不動産投資計画書Ⅰ

1	作成日	2007/08/01				
2	物件名	(コピー)(コピー)桜町DJライフ				
3	物件種別	収益ビル一棟		地区	その他	
4	物件価額	81,000 千円				
		土地価額： 40,050 千円	建物価額： 39,000 千円	消費税額： 1,950 千円		
5	所在地(登記)	大阪府大阪市北区桜町三丁目27-9				
6	住所	大阪府大阪市北区桜町三丁目5-44				
7	交通	地下鉄 御堂筋線 中津駅 徒歩 9 分	バス 停 徒歩 分			
8	土地面積	63 m²		前面路線価	300 千円	
9	固定資産税評価額	土地・建物総額 31,107 千円		土地： 15,837 千円	建物： 15,270 千円	
10	固定資産税額等	土地・建物総額 447 千円 (都市計画税を含む)		土地： 187 千円	建物： 260 千円	
11	建物延床面積	221 m²	1F: 45 m² 2F: 47 m² 3F: 47 m² 4F: 47 m² 5F: 35 m²			
			6F: m² 7F: m² 8F: m² 9F: m² B1: m²			
12	建築年月	昭和 62 年 9 月		構造	鉄筋コンクリート造	5 階建
13	間取り等	店舗1戸・事務所兼用住宅7戸				
14	建物償却年数	31 年		設備償却年数	3 年	
15	用途地域	商業地域		建蔽率・容積率	80 % ・ 480 %	
16	電気・水道	電気・上水道・下水道		ガス	都市ガス	
17	接道状況	一方		南 向道路 幅員 8 m に 5.5 m接道		
				向道路 幅員 m に m接道		
18	周辺利便施設の状況	繁華街まで徒歩5分、ビジネス街のはずれに位置する職住近接エリア				
19	積算価額	41,161 千円		収益還元価額	79,800 千円	
20	借入可能限度額	24,696 千円		時価見積額	79,591 千円	
21	借入可能期間	27 年 1 ヶ月		(建物取得加算：	253 千円)	
22	持回り保証金	500 千円				

23	リフォーム費用	0 千円					
24	現状家賃(共益費込)	8,400 千円/年			満室家賃(共益費込)	8,400 千円/年	
25	初年度支出合計	4,370 千円			初年度費用合計	1,772 千円	
26	仲介手数料	2,553 千円	【税抜物件価額×3%+6万円】+税		(建物取得費加算：	1,291 千円)	
27	売買契約書印紙	45 千円	(建物取得費加算：	23 千円)	司法書士手数料	150 千円	
28	金消契約書印紙	60 千円			融資関係費	86 千円	
29	登録免許税	704 千円	【内訳 登録免許税土地:158千円		登録免許税建物:305千円	登録免許税融資:240千円】	
30	不動産取得税	772 千円	【内訳 不動産取得税土地:238千円		不動産取得税建物:534千円】		
31	管理費	441 千円/年	現状家賃/年×5%+税		修繕費	265 千円/年	満室家賃/年×3%+税
32	エレベーター保守費	0 円/年	月額 0円×12+税		火災保険料	23 千円/年	
33	その他費用	630 千円/年	月額 50円×12+税		修繕積立金	252 千円/年	満室家賃/年×3%+税
34	家賃下落率	1～5年	6～10年	11～15年	16～20年	21～25年	前年度家賃に対する下落率 0 千円
		0.50 %	0.80 %	1.00 %	1.00 %	1.00 %	
35	空室率	1～5年	6～10年	11～15年	16～20年	21～25年	各年の空室率
		4.00 %	5.00 %	5.00 %	6.00 %	6.00 %	
36	総投資額	85,870 千円			5年度実効税率	30 % (4～6年度 他の課税所得	0 千円)
37	総借入金額	60,000 千円			自己資金額	25,870 千円	
38	借入1	60,000 千円			借入期間1	15 年 0 ヶ月	(元利均等)
39	借入金利率1	1～3年	4～6年	7～9年	10～12年	13～15年	16～18年	19年以降
		3.25 %	3.45 %	3.65 %	3.85 %	4.05 %	0.00 %	0.00 %
40	借入2	C 千円			借入期間2	0 年 0 ヶ月	(元金均等)
41	借入金利率2	1～3年	4～6年	7～9年	10～12年	13～15年	16～18年	19年以降
		0.00 %	0.00 %	0.00 %	0.00 %	0.00 %	0.00 %	0.00 %
42	他の課税所得	1～3年	4～6年	7～9年	10～12年	13～15年	16～18年	19年以降
		0 千円	0 千円	0 千円	0 千円	0 千円	0 千円	0 千円
43	表面利回り	9.78 %	【現状家賃÷総投資額】		キャップレート	7.66 %	【NOI÷(総投資額-初年度費用)】
44	DSCR	1.23	【NOI÷(年間元利返済額)】		LTV	74.07 %	【借入額÷物件価額】
45	CCR	4.56 %	【税引前CF÷自己資金】		自己資金回収期間	23 年	【税引後自己資金累計額≧自己資金】

(別冊㉗)

和合 実のトレジャー発見　不動産投資計画書 Ⅱ

物件名	(コピー)(コピー)桜町DJライブ				
住　所	大阪府大阪市北区桜町三丁目5-44				
物件価額	81,000 千円	自己資金額	25,870 千円		
借入1	60,000 千円	借入2	0 千円	0年0ヶ月 (元金均等)	
初月返済額	421 千円			当初12ヶ月返済額	5,051 千円

収支＆CFシート	1年度	2年度	3年度	4年度	5年度	6年度	7年度	8年度	9年度	10年度
A 家賃収入(共込)	3,360	8,024	7,984	7,944	7,904	7,759	7,697	7,635	7,574	7,514
B 管理費	176	421	419	417	415	407	404	401	398	394
C 固定資産税等	186	447	447	439	439	439	431	431	431	423
D エレベーター保守費	0	0	0	0	0	0	0	0	0	0
E 火災保険料	23	23	23	23	23	23	23	23	23	23
F 修繕費	110	263	262	261	259	257	255	253	251	249
G その他費用	2,031	630	630	630	630	630	630	630	630	630
H NOI(純収益)	833	6,239	6,202	6,174	6,138	6,002	5,954	5,897	5,841	5,794
I 減価償却費1	457	1,097	1,097	1,097	1,097	1,097	1,097	1,097	1,097	1,097
J 減価償却費2	1,181	2,834	2,834	1,653	0	0	0	0	0	0
K 支払利息1	805	1,860	1,755	1,748	1,630	1,507	1,461	1,324	1,181	1,090
L 支払利息2	0	0	0	0	0	0	0	0	0	0
M 税引前利益	-1,611	447	516	1,676	3,411	3,398	3,395	3,476	3,563	3,606
N 元金返済1	1,303	3,199	3,304	3,371	3,489	3,612	3,705	3,842	3,985	4,109
O 元金返済2	0	0	0	0	0	0	0	0	0	0
P キャッシュフロー(CF)	497	1,180	1,143	1,055	1,019	883	788	731	676	595
Q 所得税・住民税	0	67	77	251	1,023	1,019	1,019	1,043	1,069	1,082
R 修繕積立金	105	251	249	248	247	245	243	241	239	237
S 税引後CF	392	862	816	555	-252	-381	-474	-553	-632	-724
T 税引後CF累計額	392	1,254	2,070	2,626	2,374	1,993	1,519	967	334	-390
U 修繕積立金累計	105	356	605	853	1,100	1,345	1,589	1,830	2,069	2,306
V 借入金残高1	58,697	55,499	52,194	48,823	45,333	41,722	38,017	34,175	30,190	26,082
W 借入金残高2	0	0	0	0	0	0	0	0	0	0
X 総借入金残高	58,697	55,499	52,194	48,823	45,333	41,722	38,017	34,175	30,190	26,082
Y キャップレート	7.66	7.66	7.66	7.66	7.66	7.66	7.66	7.66	7.66	7.66
Z 売却想定額	10,883	81,500	81,021	80,649	80,174	78,408	77,770	77,034	76,305	75,682

収支＆CFシート	11年度	12年度	13年度	14年度	15年度	16年度	17年度	18年度	19年度	20年度
A 家賃収入(共込)	7,439	7,364	7,291	7,218	7,145	7,000	6,930	6,860	6,792	6,724
B 管理費	391	387	383	379	375	367	364	360	357	353
C 固定資産税等	423	416	416	416	416	408	408	408	401	401
D エレベーター保守費	0	0	0	0	0	0	0	0	0	0
E 火災保険料	23	23	23	23	23	23	23	23	23	23
F 修繕費	247	244	242	239	237	235	232	230	228	225
G その他費用	630	630	630	630	630	630	630	630	630	630
H NOI(純収益)	5,725	5,657	5,597	5,531	5,465	5,336	5,272	5,209	5,154	5,092

	21年度	22年度	23年度	24年度	25年度	26年度	27年度	28年度	29年度	30年度
A 収支&CFシート										
B 家賃収入(共込)	3,656	6,590	6,524	6,459	6,394	6,330	6,267	6,204	6,142	6,081
C 管理費	349	346	343	339	336	332	329	326	322	319
D 固定資産税等	401	394	394	394	394	394	394	394	394	394
E エレベーター保守費	0	0	0	0	0	0	0	0	0	0
F 火災保険料	23	23	23	23	23	23	23	23	23	23
G 修繕費	223	221	219	216	214	212	210	208	206	204
H その他費用	630	630	630	630	630	630	630	630	630	630
I NOI(純利益)	5,030	4,976	4,916	4,857	4,798	4,739	4,681	4,624	4,567	4,511
J 減価償却費1	1,097	1,097	1,097	1,097	1,097	1,097	1,097	1,097	1,097	1,097
K 減価償却費2	0	0	0	0	0	0	0	0	0	0
L 支払利息1	0	0	0	0	0	0	0	0	0	0
M 支払利息2	0	0	0	0	0	0	0	0	0	0
N 税引前利益	3,933	3,879	3,819	3,759	3,700	3,642	3,584	3,527	3,470	3,414
O 元金返済1	0	0	0	0	0	0	0	0	0	0
P 元金返済2	0	0	0	0	0	0	0	0	0	0
Q キャッシュフロー(CF)	5,030	4,976	4,916	4,857	4,798	4,739	4,681	4,624	4,567	4,511
R 所得税+住民税	1,180	1,164	1,146	1,128	1,110	1,093	1,075	1,058	1,041	1,024
S 修繕積立金	212	210	208	206	204	202	200	198	196	194
T 税引後CF	3,638	3,602	3,562	3,523	3,483	3,445	3,406	3,368	3,330	3,293
U 税引後CF累計	13,930	17,532	21,094	24,617	28,100	31,545	34,951	38,319	41,649	44,942
V 修繕積立金累計	4,765	4,975	5,183	5,389	5,593	5,795	5,995	6,193	6,389	6,584
W 借入金残高1	0	0	0	0	0	0	0	0	0	0
X 借入金残高2	0	0	0	0	0	0	0	0	0	0
Y 総借入金残高	0	0	0	0	0	0	0	0	0	0
Z キャップレート	7.66	7.66	7.66	7.66	7.66	7.66	7.66	7.66	7.66	7.66
Z 売却想定額	65,707	65,006	64,219	63,440	62,669	61,906	61,150	60,402	59,661	58,928

	21年度	22年度	23年度	24年度	25年度	26年度	27年度	28年度	29年度	30年度
I 減価償却費1	1,097	1,097	1,097	1,097	1,097	1,097	1,097	1,097	1,097	1,097
J 減価償却費2	0	0	0	0	0	0	0	0	0	0
K 支払利息1	929	762	619	429	232	41	0	0	0	0
L 支払利息2	0	0	0	0	0	0	0	0	0	0
M 税引前利益	3,699	3,798	3,881	4,004	4,136	4,198	4,175	4,112	4,056	3,994
N 元金返済1	4,270	4,437	4,598	4,788	4,986	3,003	0	0	0	0
O 元金返済2	0	0	0	0	0	0	0	0	0	0
P キャッシュフロー(CF)	526	458	380	313	247	2,293	5,272	5,209	5,154	5,092
Q 所得税+住民税	1,110	1,139	1,164	1,201	1,241	1,260	1,253	1,234	1,217	1,198
R 修繕積立金	235	233	230	228	226	223	221	219	217	215
S 税引後CF	-818	-914	-1,015	-1,116	-1,219	810	3,799	3,757	3,720	3,679
T 税引後CF累計	-1,208	-2,122	-3,137	-4,253	-5,472	-4,662	-863	2,893	6,613	10,292
U 修繕積立金累計	2,541	2,774	3,004	3,232	3,457	3,681	3,902	4,121	4,338	4,552
V 借入金残高1	21,812	17,375	12,777	7,989	3,003	0	0	0	0	0
W 借入金残高2	0	0	0	0	0	0	0	0	0	0
X 総借入金残高	21,812	17,375	12,777	7,989	3,003	0	0	0	0	0
Y キャップレート	7.66	7.66	7.66	7.66	7.66	7.66	7.66	7.66	7.66	7.66
Z 売却想定額	74,785	73,896	73,116	72,246	71,384	69,706	68,871	68,043	67,320	66,509

<物件概要書No.5 [ベルナール水木] >　(別冊㉘)

投資計画書一覧	基本情報登録	詳細情報登録	融資関連情報登録	投資計画書	キャッシュフロー

基本情報の入力をしてください

作成日	2007/09/01	例：2007/04/01
物件名	ベルナール水木	例：和合JP心斎橋
物件種別	収益マンション一棟　地区：その他	例：収益マンション一棟
物件価額	60000　千円	税込価額を入力してください
家賃区分	○月額 ●年額	
現状家賃(共益費込)	5290　千円	
満室家賃(共益費込)	5920　千円	
所在地（登記）	大阪府枚方市水木町3-118	
住　所	大阪府枚方市水木町3-26	
交　通	京阪　本　線　枚方市　駅 徒歩 8 分　　バス　　停 徒歩　　分	例：地下鉄御堂筋線　心斎橋駅徒歩5分
土地面積	130　m²	
前面路線価	170　千円/m²（国税庁 路線価図参照）	http://www.rosenka.nta.go.jp
建築年月	平成　3　年　3　月	
間取り等	1階店舗、2階・3階ワンルーム各3戸	例：1LDK 24室 駐車場10台

建物延床面積	228	m²					
	1F:76	2F:76	3F:76	m² 4F:	m² 5F:	m²	
	6F:	m² 7F:	m² 8F:	m² 9F:	m² B1:	m²	
構　造	鉄筋コンクリート造		3	階建			
用途地域	第一種住居地域						
建蔽率	60	%					
容積率	160	%					
ライフライン	電気・上水道・下水道　・　都市ガス						
接道状況	一方						
接道方向	東　・　向道路　幅員 4　mに　10　m接道						
	・　向道路　幅員　　mに　　m接道						

確認

(別冊㉙)

投資計画書一覧	基本情報登録	詳細情報登録	融資関連情報登録	投資計画書	キャッシュフロー
		詳細情報の入力をしてください			
固定資産税評価額(土地)	18217	千円	土地評価参考価額 18,122千円		実額がわからない場合は参考価額を入力して下さい
固定資産税評価額(建物)	17540	千円	建物評価参考価額 16,750千円		実額がわからない場合は参考価額を入力して下さい
固定資産税額(土地)都市計画税含む	61	千円(年税額)	土地税額参考価額 60千円		実額がわからない場合は参考価額を入力して下さい
固定資産税額(建物)都市計画税含む	298	千円(年税額)	建物税額参考価額 285千円		実額がわからない場合は参考価額を入力して下さい
火災保険料	24	千円	火災保険参考価額 24円		実額がわからない場合は参考価額を入力して下さい
持回り保証金	900	千円			関西圏の場合は入力して下さい
リフォーム費用	0	千円(本物件取得後、直ちにリフォームが必要な場合のみ入力)			必要なときは見積りを取る
仲介手数料		●自動計算 ○実額入力	千円		自動計算は、(税抜物件価額×3%+6万円)+税で表示
管理費	5	%(共益費込みの現状家賃収入に対する割合)			目安:3~8% 管理内容による
修繕費	3	%(共益費込みの満室家賃収入に対する割合)			目安:3~5%
融資関係費	86	千円			目安 86千円
司法書士手数料	150	千円			目安:融資あり約150千円
エレベーター保守費	0	千円/月 (税抜金額を入力)			目安:30千円~70千円/月
その他費用	35	千円/月 (税抜金額を入力)			税は自動計算します

修繕積立金	0	% （共益費込みの満室家賃収入に対する割合）				目安：3～5%
土地の時価	250	千円／m²				取引事例による土地価額
家賃下落率	1～5年	6～10年	11～15年	16～20年	21年以上	前年度家賃に対する下落率を表示
	1	1	1	1	1	
空室率	1～5年	6～10年	11～15年	16～20年	21年以上	各年の空室率を表示
	3	4	5	6	7	
周辺利便施設の状況	市内に大学あり、最寄り駅は特急停車駅					例：徒歩5分圏に病院、スーパーあり

確認

(別冊㉚)

| 投資計画書一覧 | 基本情報登録 | 詳細情報登録 | 融資関連情報登録 | 投資計画書 | キャッシュフロー |

融資関連情報の入力をしてください

建物価額	28727	千円	建物参考価額 28,727千円		参考建物価額は固定資産税で按分されています
土地価額	建物価額で自動計算されます。		土地参考価額 29,836千円		
積算価額	47,963千円				
収益還元価額	50,255千円				

	借入期間	13年以内	13年〜18年以内	18年以上
借入可能限度額		58,064 千円	53,490 千円	48,917 千円

借入期間によって借入可能限度額が変わります

借入可能期間	30年 0ヶ月
借入金額1	0 千円
借入期間1	0 年 0 ヶ月
返済方法1	◉元利均等 ○元金均等 返済方法を選択してください

借入金利率1 (単位:%)	1〜3年	4〜6年	7〜9年	10〜12年	13〜15年	16〜18年	19年以降
	0	0	0	0	3.3	3.5	3.7

借入金額2	0 千円
借入期間2	0 年 0 ヶ月
返済方法2	◉元利均等 ○元金均等 返済方法を選択してください

	1~3年	4~6年	7~9年	10~12年	13~15年	16~18年	19年以降
借入金利率2 （単位：％）	0	0	0	0	0	0	0
他の課税所得 （単位：千円）	0	0	0	0	0	0	0

確認

(別冊③)

| 投資計画書一覧 | 基本情報登録 | 詳細情報登録 | 融資関連情報登録 | 投資計画書 | キャッシュフロー |

融資関連情報の入力をして下さい

建物価額	28727	千円	建物参考価額	28,727千円	参考建物価額は固定資産税で按分されています
土地価額		建物価額で自動計算されます。	土地参考価額	29,836千円	
積算価額	47,963千円				
収益還元価額	56,240千円				
借入可能限度額		借入期間	13年以内	13年〜18年以内	18年以上	借入期間によって借入可能限度額が変わります
		借入可能限度額	65,690 千円	60,571 千円	55,453 千円	
借入可能期間	30年 0ヶ月				
借入金額1	55000	千円			
借入期間1	20 年 0 ヶ月				
返済方法1	●元利均等 ○元金均等				返済方法を選択してください
借入金利率1 (単位:%)	1〜3年: 2.5	4〜6年: 2.5	7〜9年: 2.9	10〜12年: 3.1	13〜15年: 3.3	16〜18年: 3.5	19年以降: 3.7
借入金額2	0	千円			
借入期間2	0 年 0 ヶ月				
返済方法2	●元利均等 ○元金均等				返済方法を選択してください

	1〜3年	4〜6年	7〜9年	10〜12年	13〜15年	16〜18年	19年以降
借入金利率2 （単位：％）	0	0	0	0	0	0	0
他の課税所得 （単位：千円）	6000	6500	7000	3500	3500	1800	1800

確認

(別冊㉜)

和合実のトレジャー発見　不動産投資計画書Ⅰ

1	作成日	2007/09/01	
2	物件名	(コピー)ベルナール水木	
3	物件種別	収益マンション一棟	地区　その他
4	物件価額	60,000 千円	
		土地価額：29,836 千円　建物価額：28,727 千円　消費税額：1,437 千円	
5	所在地(登記)	大阪府枚方市水木町3-118	
6	住所	大阪府枚方市水木町3-26	
7	交通	京阪 本線 枚方市駅 徒歩8分　バス　停　徒歩　分	
8	土地面積	130 m²	前面路線価　170 千円
9	固定資産税評価額	土地・建物総額 35,757 千円	土地：18,217 千円　建物：17,540 千円
10	固定資産税額等	土地・建物総額 359 千円 (都市計画税を含む)	土地：61 千円　建物：298 千円
11	建物延床面積	228 m²　1F：76 m²　2F：76 m²　3F：76 m²　4F：m²　5F：m² 6F：m²　7F：m²　8F：m²　9F：m²　B1：m²	
12	建築年月	平成 3年 3月	構造　鉄筋コンクリート造　3階建
13	間取り等	1階店舗、2階・3階ワンルーム各3戸	
14	建物償却年数	33 年	設備償却年数　3 年
15	用途地域	第1種住居地域	建蔽率・容積率　60 % ・ 160 %
16	電気・水道	電気・上水道・下水道	ガス　都市ガス
17	接道状況	一方	東向道路 幅員 4 mに 10 m接道 向道路 幅員　mに　m接道
18	周辺利便施設の状況	市内に大学あり、最寄り駅は特急停車駅	
19	積算価額	47,963 千円	収益還元価額　56,240 千円
20	借入可能限度額	55,453 千円	時価見積額　58,363 千円
21	借入可能期間	30 年 0ヶ月	(建物取得価額加算：452 千円)
22	持回り保証金	900 千円	
23	リフォーム費用	0 千円	

24	現状家賃(共益費込)	5,920千円/年	満室家賃(共益費込) 5,920千円/年
25	初年度支出合計	3,801千円	初年度費用合計 1,848千円
26	仲介手数料	1,908千円	[税抜物件価額×3%+6万円]+税 (建物取得費加算: 959千円)
27	売買契約書印紙	45千円	[建物取得費加算: 23千円]
28	金消契約書印紙	60千円	司法書士手数料 150千円
29	登録免許税	753千円	融資関係費 86千円
			[内訳] 登録免許税土地:182千円 登録免許税建物:351千円 登録免許税融資:220千円
30	不動産取得税	709千円	[内訳] 不動産取得税土地:273千円 不動産取得税建物:526千円
31	管理費	311千円/年	現状家賃/年×5%+税 満室家賃/年×3%+税
32	エレベーター保守費	0千円/年	月額 0千円×12+税 24千円/年
33	その他の費用	441千円/年	月額 35千円×12+税 0千円/年 満室家賃/年×0%+税
34	家賃下落率	1~5年 1.00%	6~10年 1.00%	11~15年 1.00%	16~20年 1.00%	21~25年 1.00%	前年度家賃に対する下落率
35	空室率	1~5年 3.00%	6~10年 4.00%	11~15年 5.00%	16~20年 6.00%	21~25年 7.00%	各年の空室率
36	総投資額	54,701千円	5年度実効税率 33% (4~6年度 他の課税所得: 6,500千円)
37	総借入金額	55,000千円	自己資金額 9,701千円
38	借入1	55,000千円	借入期間1 20年0ヶ月 (元利均等)
39	借入金利率1	1~3年 2.50%	4~6年 2.50%	7~9年 2.90%	10~12年 3.10%	13~15年 3.30%	16~18年 3.50%	19年以降 3.70%
40	借入2	0千円	借入期間2 0年0ヶ月 (元利均等)
41	借入金利率2	1~3年 0.00%	4~6年 0.00%	7~9年 0.00%	10~12年 0.00%	13~15年 0.00%	16~18年 0.00%	19年以降 0.00%
42	他の課税所得	6,000千円	6,500千円	7,000千円	3,500千円	3,500千円	1,800千円	1,800千円
43	表面利回り	9.15%	キャップレート 7.19% [NOI÷総投資額-初年度費用]
44	DSCR	1.25	[NOI÷(年間元利金返済額)] LTV 91.67% [借入額÷物件価額]
45	CCR	9.09%	[税引前CF÷自己資金] 自己資金回収期間 年 [税引後自己資金累計額≧自己資金]

(別冊㉝)

和合 実のトレジャー発見　　不動産投資計画書 Ⅱ

物件名	(コピー)ベルナール水木			
住所	大阪府枚方市水木町3-26			
物件価額	60,000 千円		自己資金額	9,701 千円
借入1	55,000 千円　20年0ヶ月 (元利均等)		借入2	0 千円　0年0ヶ月 (元利均等)
初月返済額	291 千円		当初12ヶ月返済額	3,493 千円

収支&CFシート	1年度	2年度	3年度	4年度	5年度	6年度	7年度	8年度	9年度	10年度
A 家賃収入 (共込)	1,914	5,685	5,628	5,572	5,516	5,405	5,351	5,297	5,244	5,192
B 管理費	100	298	295	293	290	284	281	278	275	273
C 固定資産税等	120	359	359	353	353	353	346	346	346	340
D エレベーター保守費	0	0	0	0	0	0	0	0	0	0
E 火災保険料	24	24	24	24	24	24	24	24	24	24
F 修繕費	62	185	183	181	179	177	176	174	172	170
G その他費用	1,992	440	440	440	440	440	440	440	440	440
H NOI(純収益)	−384	4,379	4,327	4,282	4,231	4,127	4,084	4,035	3,987	3,945
I 減価償却費1	255	766	766	766	766	766	766	766	766	766
J 減価償却費2	702	2,107	2,107	1,404	0	0	0	0	0	0
K 支払利息1	456	1,333	1,278	1,222	1,164	1,105	1,213	1,143	1,071	1,066
L 支払利息2	0	0	0	0	0	0	0	0	0	0
M 税引前利益	−1,798	174	177	890	2,301	2,256	2,105	2,126	2,150	2,113
N 元金返済1	710	2,165	2,220	2,276	2,333	2,392	2,382	2,452	2,524	2,569
O 元金返済2	0	0	0	0	0	0	0	0	0	0
P キャッシュフロー(CF)	298	882	830	784	734	630	489	440	392	310
Q 所得税+住民税	0	52	53	489	954	939	1,605	1,614	1,624	634
R 積立金	0	0	0	0	0	0	0	0	0	0
S 税引後CF	298	829	777	296	−221	−310	−1,116	−1,174	−1,233	−324
T 税引後CF累計額	298	1,128	1,904	2,200	1,980	1,670	554	−621	−1,853	−2,177
U 修繕積立金累計	0	0	0	0	0	0	0	0	0	0
V 借入金残高1	54,290	52,126	49,906	47,630	45,297	42,905	40,523	38,071	35,546	32,977
W 借入金残高2	0	0	0	0	0	0	0	0	0	0
X 総借入金残高	54,290	52,126	49,906	47,630	45,297	42,905	40,523	38,071	35,546	32,977
Y キャップレート	7.19	7.19	7.19	7.19	7.19	7.19	7.19	7.19	7.19	7.19
Z 売却想定額	5,343	60,900	60,177	59,550	58,841	57,397	56,798	56,117	55,443	54,863

収支&CFシート	11年度	12年度	13年度	14年度	15年度	16年度	17年度	18年度	19年度	20年度
A 家賃収入 (共込)	5,086	5,035	4,985	4,935	4,886	4,786	4,738	4,691	4,644	4,597
B 管理費	267	264	262	259	257	251	249	246	244	241
C 固定資産税等	340	334	334	334	334	328	328	328	322	322
D エレベーター保守費	0	0	0	0	0	0	0	0	0	0
E 火災保険料	24	24	24	24	24	24	24	24	24	24
F 修繕費	169	167	165	164	162	160	159	157	156	154
G その他費用	440	440	440	440	440	440	440	440	440	440
H NOI(純収益)	3,847	3,800	3,760	3,715	3,669	3,583	3,539	3,496	3,459	3,416

I 減価償却費1	766	766	766	766	766	766	766	766
J 減価償却費2	985	902	869	775	678	613	504	391	289	161
K 支払利息1	0	0	0	0	0	0	0	0
L 支払利息2	2,096	2,133	2,126	2,174	2,225	2,203	2,269	2,339	2,403	2,489
M 税引前利益	2,650	2,733	2,797	2,890	2,987	3,072	3,182	3,295	3,406	3,534
N 元金返済1	0	0	0	0	0	0	0	0
O 元金返済2	212	165	95	49	4	-103	-147	-190	-237	-279
P キャッシュフロー(CF)	629	640	638	652	668	931	951	972	991	1,017
Q 所得税+住民税	0	0	0	0	0	0	0	0
R 修繕積立金	-417	-474	-543	-603	-663	-1,034	-1,097	-1,162	-1,228	-1,296
S 税引後CF	-2,594	-3,069	-3,611	-4,214	-4,878	-5,912	-7,009	-8,171	-9,399	-10,695
T 税引後CF累計額	0	0	0	0	0	0	0	0
U 修繕積立金累計	30,327	27,594	24,797	21,907	18,920	15,847	12,665	9,371	5,964	2,430
V 借入金残高1	0	0	0	0	0	0	0	0
W 借入金残高2	30,327	27,594	24,797	21,907	18,920	15,847	12,665	9,371	5,964	2,430
X 総借入金残高	7.19	7.19	7.19	7.19	7.19	7.19	7.19	7.19	7.19	7.19
Y キャップレート	53,497	52,850	52,295	51,661	51,034	49,825	49,217	48,614	48,100	47,510
Z 売却想定額								

収支&CFシート	21年度	22年度	23年度	24年度	25年度	26年度	27年度	28年度	29年度	30年度
A 家賃収入(共込)	4,503	4,458	4,413	4,369	4,326	4,282	4,240	4,197	4,155	4,114
B 管理費	236	234	232	229	227	225	223	220	218	216
C 固定資産税等	322	316	316	316	316	316	316	316	316	316
D エレベーター保守費	0	0	0	0	0	0	0	0	0	0
E 火災保険料	24	24	24	24	24	24	24	24	24	24
F 修繕費	153	151	149	148	147	145	144	142	141	139
G その他費用	440	440	440	440	440	440	440	440	440	440
H NOI(純収益)	3,328	3,293	3,252	3,212	3,172	3,132	3,093	3,055	3,016	2,978
I 減価償却費1	766	766	766	766	766	766	766	766	766	766
J 減価償却費2	0	0	0	0	0	0	0	0	0	0
K 支払利息1	34	0	0	0	0	0	0	0	0	0
L 支払利息2	2,528	2,527	2,486	2,446	2,406	2,366	2,327	2,288	2,250	2,212
M 税引前利益	2,430	0	0	0	0	0	0	0	0	0
N 元金返済1	864	3,293	3,252	3,212	3,172	3,132	3,093	3,055	3,016	2,978
O 元金返済2	1,029	1,028	1,016	1,004	992	980	968	957	945	934
P キャッシュフロー(CF)	0	0	0	0	0	0	0	0	0	0
Q 所得税+住民税	-164	2,265	2,236	2,208	2,180	2,152	2,125	2,098	2,071	2,045
R 修繕積立金	-8,859	-8,594	-6,358	-4,150	-1,970	183	2,308	4,406	6,477	8,521
S 税引後CF	0	0	0	0	0	0	0	0	0	0
T 税引後CF累計額	0	0	0	0	0	0	0	0	0	0
U 修繕積立金累計	0	0	0	0	0	0	0	0	0	0
V 借入金残高1	0	0	0	0	0	0	0	0	0	0
W 借入金残高2	0	0	0	0	0	0	0	0	0	0
X 総借入金残高	0	0	0	0	0	0	0	0	0	0
Y キャップレート	7.19	7.19	7.19	7.19	7.19	7.19	7.19	7.19	7.19	7.19
Z 売却想定額	46,287	45,796	45,229	44,668	44,113	43,564	43,020	42,481	41,948	41,420

(別冊㉞)

和合 実のトレジャー発見　不動産投資計画書 II　他の課税所得○の場合

物件名	(コピー)(コピー)ベルナール水木			
住所	大阪府枚方市水木町3-26			
物件価額	60,000 千円	自己資金額	9,701 千円	
借入1	55,000 千円	借入2	0 千円	
初月返済額	291 千円	20 年 0 ヶ月 (元利均等)	当初12ヶ月返済額	3,493 千円	0 年 0 ヶ月 (元利均等)

	収支＆CFシート	1年度	2年度	3年度	4年度	5年度	6年度	7年度	8年度	9年度	10年度
A	家賃収入 (共込)	1,914	5,685	5,628	5,572	5,516	5,405	5,351	5,297	5,244	5,192
B	管理費	100	298	295	293	290	284	281	278	275	273
C	固定資産税等	120	359	359	353	353	353	346	346	346	340
D	エレベーター保守費	0	0	0	0	0	0	0	0	0	0
E	火災保険料	24	24	24	24	24	24	24	24	24	24
F	修繕費	62	185	183	181	179	177	176	174	172	170
G	その他費用	1,992	440	440	440	440	440	440	440	440	440
H	NOI(純収益)	-384	4,379	4,327	4,282	4,231	4,127	4,084	4,035	3,987	3,945
I	減価償却費1	255	766	766	766	766	766	766	766	766	766
J	減価償却費2	702	2,107	2,107	1,404	0	0	0	0	0	0
K	支払利息1	456	1,333	1,278	1,222	1,164	1,105	1,213	1,143	1,071	1,066
L	支払利息2	0	0	0	0	0	0	0	0	0	0
M	税引前利益	-1,798	174	177	890	2,301	2,256	2,105	2,126	2,150	2,113
N	元金返済1	710	2,165	2,220	2,276	2,333	2,392	2,382	2,452	2,524	2,569
O	元金返済2	0	0	0	0	0	0	0	0	0	0
P	キャッシュフロー(CF)	298	882	830	784	734	630	489	440	392	310
Q	所得税・住民税	0	26	26	133	460	451	421	425	430	423
R	修繕積立金	0	0	0	0	0	0	0	0	0	0
S	税引後CF	298	855	803	651	273	179	68	15	-38	-113
T	税引後CF累計額	298	1,154	1,957	2,608	2,881	3,060	3,128	3,143	3,104	2,992
U	借入金残高1	54,290	52,126	49,906	47,630	45,297	42,905	40,523	38,071	35,546	32,977
V	借入金残高2	0	0	0	0	0	0	0	0	0	0
W	総借入金残高	54,290	52,126	49,906	47,630	45,297	42,905	40,523	38,071	35,546	32,977
X	キャッシュプレート	7.19	7.19	7.19	7.19	7.19	7.19	7.19	7.19	7.19	7.19
Y	売却想定額	-5,343	60,900	60,177	59,550	58,841	57,397	56,798	56,117	55,443	54,863

	収支＆CFシート	11年度	12年度	13年度	14年度	15年度	16年度	17年度	18年度	19年度	20年度
A	家賃収入 (共込)	5,086	5,035	4,985	4,935	4,886	4,786	4,738	4,691	4,644	4,597
B	管理費	267	264	262	259	257	251	249	246	244	241
C	固定資産税等	340	340	334	334	334	328	328	328	322	322
D	エレベーター保守費	0	0	0	0	0	0	0	0	0	0
E	火災保険料	24	24	24	24	24	24	24	24	24	24
F	修繕費	169	167	165	164	162	160	159	157	156	154
G	その他費用	440	440	440	440	440	440	440	440	440	440
H	NOI(純収益)	3,847	3,800	3,760	3,715	3,669	3,583	3,539	3,496	3,459	3,416

	21年度	22年度	23年度	24年度	25年度	26年度	27年度	28年度	29年度	30年度
I 減価償却費1	766	766	766	766	766	766	766	766	766	766
J 減価償却費2	0	0	0	0	0	0	0	0	0	0
K 支払利息1	985	902	869	775	678	613	504	391	289	161
L 支払利息2	0	0	0	0	0	0	0	0	0	0
M 税引前利益	2,096	2,133	2,126	2,174	2,225	2,203	2,269	2,339	2,403	2,489
N 元金返済1	2,650	2,733	2,797	2,890	2,987	3,072	3,182	3,295	3,406	3,534
O 元金返済2	0	0	0	0	0	0	0	0	0	0
P キャッシュフロー(CF)	212	165	95	49	4	-103	-147	-190	-237	-279
Q 所得税+住民税	419	427	425	435	445	441	454	468	481	498
R 修繕積立金	0	0	0	0	0	0	0	0	0	0
S 税引後CF	-207	-261	-330	-385	-441	-544	-601	-658	-718	-777
T 税引後CF累計額	2,784	2,523	2,193	1,808	1,367	823	222	-435	-1,153	-1,930
U 修繕積立金累計	0	0	0	0	0	0	0	0	0	0
V 借入金残高1	30,327	27,594	24,797	21,907	18,920	15,847	12,665	9,371	5,964	2,430
W 借入金残高2	0	0	0	0	0	0	0	0	0	0
X 総借入金残高	30,327	27,594	24,797	21,907	18,920	15,847	12,665	9,371	5,964	2,430
Y キャップレート	7.19	7.19	7.19	7.19	7.19	7.19	7.19	7.19	7.19	7.19
Z 売却想定額	53,497	52,850	52,295	51,661	51,034	49,825	49,217	48,614	48,100	47,510

	21年度	22年度	23年度	24年度	25年度	26年度	27年度	28年度	29年度	30年度
A 収支&CFシート										
B 家賃収入(共込)	4,503	4,458	4,413	4,369	4,326	4,282	4,240	4,197	4,155	4,114
C 管理費	236	234	232	229	227	225	223	220	218	216
D 固定資産税等	322	316	316	316	316	316	316	316	316	316
E エレベーター保守費	0	0	0	0	0	0	0	0	0	0
F 火災保険料	24	24	24	24	24	24	24	24	24	24
G その他経費	153	151	149	148	147	145	144	142	141	139
H NOI(純収益)	440	440	440	440	440	440	440	440	440	440
I 減価償却費1	3,328	3,293	3,252	3,212	3,172	3,132	3,093	3,055	3,016	2,978
J 減価償却費2	766	766	766	766	766	766	766	766	766	766
K 支払利息1	34	0	0	0	0	0	0	0	0	0
L 支払利息2	0	0	0	0	0	0	0	0	0	0
M 税引前利益	2,528	2,527	2,486	2,446	2,406	2,366	2,327	2,288	2,250	2,212
N 元金返済1	2,430	0	0	0	0	0	0	0	0	0
O 元金返済2	0	0	0	0	0	0	0	0	0	0
P キャッシュフロー(CF)	864	3,293	3,252	3,212	3,172	3,132	3,093	3,055	3,016	2,978
Q 所得税+住民税	506	505	497	489	481	473	465	458	450	442
R 修繕積立金	0	0	0	0	0	0	0	0	0	0
S 税引後CF	359	2,787	2,755	2,723	2,691	2,659	2,628	2,597	2,566	2,536
T 税引後CF累計額	-1,572	1,216	3,971	6,693	9,384	12,043	14,671	17,268	19,834	22,370
U 修繕積立金累計	0	0	0	0	0	0	0	0	0	0
V 借入金残高1	0	0	0	0	0	0	0	0	0	0
W 借入金残高2	0	0	0	0	0	0	0	0	0	0
X 総借入金残高	0	0	0	0	0	0	0	0	0	0
Y キャップレート	7.19	7.19	7.19	7.19	7.19	7.19	7.19	7.19	7.19	7.19
Z 売却想定額	46,287	45,796	45,229	44,668	44,113	43,564	43,020	42,481	41,948	41,420

<物件概要書No.6 [ブライト川音]>　　　　　　　　　　　　　　　　　　　　　　　　　（別冊㉟）

投資計画書一覧	基本情報登録	詳細情報登録	融資関連情報登録	投資計画書	キャッシュフロー

基本情報の入力をして下さい

項目	内容	備考
作成日	2007/09/15	例：2007/04/01
物件名	ブライト川音	例：和合JP心斎橋
物件種別	収益マンション一棟　地区：その他	例：収益マンション一棟
物件価額	48000　千円	税込価額を入力して下さい
家賃区分	○月額　◉年額	
現状家賃（共益費込）	5200　千円	
満室家賃（共益費込）	5200　千円	
所在地（登記）	大阪府門真市川音3-71	
住所	大阪府門真市川音4-26	
交通	京阪　本　線　門真　駅　徒歩 7 分　　バス　　停 徒歩　分	例：地下鉄御堂筋線　心斎橋駅徒歩5分
土地面積	124　m²	
前面路線価	100　千円/m²（国税庁 路線価図参照）	http://www.rosenka.nta.go.jp
建築年月	昭和 58 年 9 月	
間取り等	ワンルーム 11戸	例：1LDK 24室 駐車場10台

建物延床面積	240	m²						
	1F:	2F:	3F:	4F:	5F:			
		m²	m²	m²	m²			
	6F:	7F:	8F:	9F:	B1:			
		m²	m²	m²	m²			
構　造	鉄骨造		4 階建					
用途地域	第1種中高層住居専用地域							
建蔽率	60 %							
容積率	192 %							
ライフライン	電気・上水道・下水道　都市ガス							
接道状況	一方							
接道方向	北　向道路　幅員 4.8 m に 8 m接道							
	向道路　幅員　　 m に　　 m接道							

確認

(別冊㊱)

投資計画書一覧	基本情報登録	詳細情報登録	融資関連情報登録	投資計画書	キャッシュフロー
		詳細情報の入力をして下さい			
固定資産税評価額（土地）	10168	千円	土地評価参考価額	10,168千円	実額がわからない場合は参考価額を入力して下さい
固定資産税評価額（建物）	14746	千円	建物評価参考価額	14,746千円	実額がわからない場合は参考価額を入力して下さい
固定資産税額（土地）都市計画税を含む	34	千円（年税額）	土地税額参考価額	34千円	実額がわからない場合は参考価額を入力して下さい
固定資産税額（建物）都市計画税を含む	251	千円（年税額）	建物税額参考価額	251千円	実額がわからない場合は参考価額を入力して下さい
火災保険料	38	千円	火災保険参考価額	38千円	実額がわからない場合は参考価額を入力して下さい
持回り保証金	500	千円			関西圏の場合は入力下さい
リフォーム費用	0	千円（本物件取得後、直ちにリフォームが必要な場合のみ入力）			必要なときは見積りを取る
仲介手数料	●自動計算 ○実額入力	千円			自動計算は、（税抜物件価額×3％＋6万円）＋税で表示
管理費	5	％（共益費込みの現状家賃収入に対する割合）			目安：3～8％ 管理内容による
修繕費	4	％（共益費込みの満室家賃収入に対する割合）			目安：3～5％
融資関係費	86	千円			目安 86千円
司法書士手数料	150	千円			目安：融資あり約150千円
エレベーター保守費	0	千円／月（税抜金額を入力）			目安：30千円～70千円／月
その他費用	30	千円／月（税抜金額を入力）			税は自動計算します

修繕積立金	0		% （共益費込みの満室家賃収入に対する割合）			目安：3〜5%
土地の時価	185	千円／m²				取引事例による土地価額
家賃下落率	1〜5年	6〜10年	11〜15年	16〜20年	21年以上	前年度家賃に対する下落率を表示
	1	1	1	1	1	
空室率	1〜5年	6〜10年	11〜15年	16〜20年	21年以上	各年の空室率を表示
	3	4	5	6	7	
周辺利便施設の状況	周辺に大学が多い					例：徒歩5分圏に病院、スーパーあり

確認

(別冊㊲)

| 投資計画書一覧 | 基本情報登録 | 詳細情報登録 | 融資関連情報登録 | 投資計画書 | キャッシュフロー |

融資関連情報の入力をして下さい

建物価額	27593 千円	建物参考価額	27,593千円		参考建物価額は固定資産税で按分されています
土地価額	建物価額で自動計算されます。	土地参考価額	19,027千円		
積算価額	22,791千円				
収益還元価額	49,400千円				
借入可能限度額		6年以内	6年～11年以内	11年以上	借入期間によって借入可能限度額が変わります
	借入可能限度額	27,216 千円	25,107 千円	22,998 千円	
借入可能期間	10年0ヶ月				
借入金額1	25000 千円				
借入期間1	10 年 0 ヶ月				
返済方法1	◉元利均等 ○元金均等				返済方法を選択してください
借入金利1（単位：%）	1～3年 2.7	4～6年 2.9	7～9年 3.1	10～12年 3.3	13～15年 0	16～18年 0	19年以降 0
借入金額2	0 千円				
借入期間2	0 年 0 ヶ月				
返済方法2	◉元利均等 ○元金均等				返済方法を選択してください

	1〜3年	4〜6年	7〜9年	10〜12年	13〜15年	16〜18年	19年以降
借入金利率2 (単位:%)	0	0	0	0	0	0	0
他の課税所得 (単位:千円)	5000	5000	5000	3000	3000	1800	1800

確認

(別冊㊳)

和合 実のトレジャー発見　　不動産投資計画書Ⅰ

1	作成日	2007/09/15				
2	物件名	ブライト川音				
3	物件種別	収益マンション一棟		地 区	その他	
4	物件価額	48,000 千円				
		土地価額： 19,027 千円	建物価額： 27,593 千円	消費税額： 1,380 千円		
5	所在地(登記)	大阪府門真市川音3-71				
6	住　所	大阪府門真市川音4-26				
7	交　通	京阪 本線 門真駅 徒歩 7 分	バス 停 徒歩 分			
8	土地面積	124 ㎡		前面路線価	100 千円	
9	固定資産税評価額	土地・建物総額 24,914 千円		土地： 10,168 千円	建物： 14,746 千円	
10	固定資産税額等	土地・建物総額 285 千円 (都市計画税を含む)		土地： 34 千円	建物： 251 千円	
11	建物延床面積	240 ㎡	1F： ㎡ 2F： ㎡ 3F： ㎡ 4F： ㎡ 5F： ㎡			
			6F： ㎡ 7F： ㎡ 8F： ㎡ 9F： ㎡ B1： ㎡			
12	建築年月	昭和 58 年 9 月		構　造	鉄骨造　4 階建	
13	間取り等	ワンルーム 11 戸				
14	建物償却年数	14 年		設備償却年数	3 年	
15	用途地域	第1種中高層住居専用地域		建蔽率・容積率	60 ％・ 192 ％	
16	電気・水道	電気・上水道・下水道		ガ　ス	都市ガス	
17	接道状況	一方		北向道路 幅員 4.8 mに 8 m接道		
				向道路 幅員 mに m接道		
18	周辺利便施設の状況	周辺に大学が多い				
19	積算価額	22,791 千円				
20	借入可能限度額	22,998 千円		収益還元価額	49,400 千円	
21	借入可能期間	10 年 0 ヶ月		時価見積額	33,331 千円	
22	持回り保証金	500 千円		(建物取得費加算： 302 千円)		
23	リフォーム費用	0 円				

24	現状家賃(共益費込)	5,200 千円/年		満室家賃(共益費込)	5,200 千円/年	
25	初年度支出合計	2,894 千円		初年度費用合計	1,348 千円	
26	仲介手数料	1,532 千円	[税抜物件価額×3%+6万円]+税	建物取得費加算	924 千円	(建物取得費加算：9千円)
27	売買契約書印紙	15 千円		司法書士手数料	150 千円	
28	金消契約書印紙	20 千円		融資関係費	86 千円	
29	登録免許税	497 千円	[内訳: 登録免許税土地:102千円 登録免許税建物:295千円 登録免許税融資:100千円]			
30	不動産取得税	595 千円	[内訳: 不動産取得税土地:153千円 不動産取得税建物:442千円]			
31	管理費	273 千円/年	現状家賃/年×5%+税	修繕費	218 千円/年	満室家賃/年×4%+税
32	エレベーター保守費	0 千円/年	月額0千円×12+税	火災保険料	38 千円/年	
33	その他費用	378 千円/年	月額30千円×12+税	修繕積立金	0 千円/年	満室家賃/年×0%+税
34	家賃下落率	~5年 1.00%	6~10年 1.00%	11~15年 1.00%	16~20年 1.00%	21~25年 1.00%	前年度家賃に対する下落率
35	空室率	1~5年 3.00%	6~10年 4.00%	11~15年 5.00%	16~20年 6.00%	21~25年 7.00%	各年の空室率
36	総投資額	51,394 千円		5年度実効税率	30% (4~6年度 他の課税所得)	
37	総借入金額	25,000 千円		自己資金額	26,394 千円	5,000 千円
38	借入1	25,000 千円		借入期間1	10年0ヶ月	(元利均等)
39	借入金利率1	1~3年 2.70%	4~6年 2.90%	7~9年 3.10%	10~12年 3.30%	13~15年 0.00%	16~18年 0.00%	19年以降 0.00%
40	借入2	0 千円		借入期間2	0年0ヶ月	(元利均等)
41	借入金利率2	1~3年 0.00%	4~6年 0.00%	7~9年 0.00%	10~12年 0.00%	13~15年 0.00%	16~18年 0.00%	19年以降 0.00%
42	他の課税所得	5,000 千円	5,000 千円	5,000 千円	3,000 千円	3,000 千円	1,800 千円	1,800 千円
43	表面利回り	10.12%	[現状家賃/年÷総投資額]	キャップレート	7.87%	[NOI÷(総額-初年度費用)]
44	DSCR	1.34	[NOI÷(年間元利金返済額)]	LTV	52.08%	[借入額÷物件価額]
45	CCR	3.64%	[税引前CF÷自己資金]	自己資金回収期間	22年	[税引後自己資金累計額≧自己資費]

(別冊㊴)

和合 実のトレジャー発見　不動産投資計画書 Ⅱ

物件名	ブライト川音			
住所	大阪府門真市川音4-26			
物件価額	48,000 千円		自己資金額	26,394 千円
借入1	25,000 千円	10年0ヶ月（元利均等）	借入2	0 千円 0年0ヶ月（元利均等）
初月返済額	238 千円		当初12ヶ月返済額	2,850 千円

	1年度	2年度	3年度	4年度	5年度	6年度	7年度	8年度	9年度	10年度
収支＆CFシート										
A 家賃収入（共込）	1,681	4,994	4,944	4,894	4,845	4,747	4,700	4,653	4,606	4,560
B 管理費	88	262	260	257	254	249	247	244	242	239
C 固定資産税等	95	285	285	281	281	281	277	277	277	272
D エレベーター保守費	0	0	0	0	0	0	0	0	0	0
E 火災保険料	38	38	38	38	38	38	38	38	38	38
F 修繕費	73	216	214	212	210	208	206	204	202	200
G その他費用	1,471	377	377	377	377	377	377	377	377	377
H NOI（純収益）	-84	3,815	3,770	3,730	3,685	3,595	3,556	3,514	3,471	3,434
I 減価償却費1	575	1,726	1,726	1,726	1,726	1,726	1,726	1,726	1,726	1,726
J 減価償却費2	671	2,014	2,014	1,343	0	0	0	0	0	0
K 支払利息1	223	628	567	542	473	403	353	273	191	113
L 支払利息2	0	0	0	0	0	0	0	0	0	0
M 税引前利益	-1,553	-553	-537	119	1,486	1,466	1,477	1,514	1,554	1,595
N 元金返済1	729	2,228	2,288	2,335	2,403	2,474	2,537	2,617	2,699	2,782
O 元金返済2	0	0	0	0	0	0	0	0	0	0
P キャッシュフロー（CF）	312	960	915	853	809	718	666	623	581	539
Q 所得税+住民税	0	0	0	36	446	440	443	454	466	778
R 修繕積立金	0	0	0	0	0	0	0	0	0	0
S 税引後CF	312	960	915	817	363	278	223	169	115	-240
T 税引後CF累計額	312	1,272	2,186	3,003	3,366	3,644	3,867	4,036	4,151	3,911
U 修繕積立金累計	0	0	0	0	0	0	0	0	0	0
V 借入金残高1	24,271	22,043	19,755	17,420	15,016	12,542	10,005	7,388	4,689	1,906
W 借入金残高2	0	0	0	0	0	0	0	0	0	0
X 総借入金残高	24,271	22,043	19,755	17,420	15,016	12,542	10,005	7,388	4,689	1,906
Y キャップレート	7.87	7.87	7.87	7.87	7.87	7.87	7.87	7.87	7.87	7.87
Z 売却想定額	-1,064	48,500	47,926	47,412	46,850	45,697	45,205	44,665	44,131	43,654

	11年度	12年度	13年度	14年度	15年度	16年度	17年度	18年度	19年度	20年度
収支＆CFシート										
A 家賃収入（共込）	4,468	4,423	4,379	4,335	4,292	4,204	4,162	4,120	4,079	4,038
B 管理費	235	232	230	228	225	221	219	216	214	212
C 固定資産税等	272	272	268	268	268	264	264	264	260	260
D エレベーター保守費	0	0	0	0	0	0	0	0	0	0
E 火災保険料	38	38	38	38	38	38	38	38	38	38
F 修繕費	198	196	194	192	190	188	186	184	182	180
G その他費用	377	377	377	377	377	377	377	377	377	377
H NOI（純収益）	3,348	3,308	3,272	3,232	3,193	3,116	3,078	3,041	3,007	2,971

	21年度	22年度	23年度	24年度	25年度	26年度	27年度	28年度	29年度	30年度
I 減価償却費1	1,726	1,726	1,726	1,726	1,151	0	0	0	0	0
J 減価償却費2	0	0	0	0	0	0	0	0	0	0
K 支払利息1	24	0	0	0	0	0	0	0	0	0
L 支払利息2	0	0	0	0	0	0	0	0	0	0
M 税引前利益	1,598	1,582	1,546	1,506	2,042	3,116	3,078	3,041	3,007	2,971
N 元金返済1	906	0	0	0	0	0	0	0	0	0
O 元金返済2	0	0	0	0	0	0	0	0	0	0
P キャッシュフロー(CF)	1,418	3,308	3,272	3,232	3,193	3,116	3,078	3,041	3,007	2,971
Q 所得税+住民税	780	775	764	752	913	1,205	1,193	1,182	1,172	1,161
R 修繕積立金	0	0	0	0	0	0	0	0	0	0
S 税引後CF	639	2,533	2,508	2,481	2,281	1,911	1,885	1,858	1,835	1,809
T 税引後CF累計額	4,550	7,083	9,592	12,072	14,353	16,264	18,149	20,007	21,842	23,652
U 修繕積立金累計	0	0	0	0	0	0	0	0	0	0
V 借入金残高1	0	0	0	0	0	0	0	0	0	0
W 借入金残高2	0	0	0	0	0	0	0	0	0	0
X 総借入金残高	0	0	0	0	0	0	0	0	0	0
Y キャップレート	7.87	7.87	7.87	7.87	7.87	7.87	7.87	7.87	7.87	7.87
Z 売却想定額	42,564	42,051	41,595	41,092	40,594	39,614	39,131	38,654	38,231	37,763

収支&CFシート	21年度	22年度	23年度	24年度	25年度	26年度	27年度	28年度	29年度	30年度
A 家賃収入(共込)	3,955	3,916	3,877	3,838	3,800	3,762	3,724	3,687	3,650	3,613
B 管理費	208	206	204	201	199	197	196	194	192	190
C 固定資産税等	260	256	256	256	256	256	256	256	256	256
D エレベーター保守費	0	0	0	0	0	0	0	0	0	0
E 火災保険料	33	38	38	38	38	38	38	38	38	38
F 修繕費	179	177	175	173	172	170	168	166	165	163
G その他費用	377	377	377	377	377	377	377	377	377	377
H NOI(純収益)	2,854	2,862	2,827	2,792	2,757	2,723	2,689	2,655	2,622	2,589
I 減価償却費1	0	0	0	0	0	0	0	0	0	0
J 減価償却費2	0	0	0	0	0	0	0	0	0	0
K 支払利息1	0	0	0	0	0	0	0	0	0	0
L 支払利息2	0	0	0	0	0	0	0	0	0	0
M 税引前利益	2,894	2,862	2,827	2,792	2,757	2,723	2,689	2,655	2,622	2,589
N 元金返済1	0	0	0	0	0	0	0	0	0	0
O 元金返済2	0	0	0	0	0	0	0	0	0	0
P キャッシュフロー(CF)	2,894	2,862	2,827	2,792	2,757	2,723	2,689	2,655	2,622	2,589
Q 所得税+住民税	1,138	1,129	1,118	1,108	1,097	1,087	1,077	1,067	1,057	1,047
R 修繕積立金	0	0	0	0	0	0	0	0	0	0
S 税引後CF	1,756	1,733	1,709	1,684	1,660	1,636	1,612	1,589	1,565	1,542
T 税引後CF累計額	25,407	27,141	28,849	30,534	32,194	33,830	35,442	37,030	38,596	40,138
U 修繕積立金累計	0	0	0	0	0	0	0	0	0	0
V 借入金残高1	0	0	0	0	0	0	0	0	0	0
W 借入金残高2	0	0	0	0	0	0	0	0	0	0
X 総借入金残高	0	0	0	0	0	0	0	0	0	0
Y キャップレート	7.87	7.87	7.87	7.87	7.87	7.87	7.87	7.87	7.87	7.87
Z 売却想定額	36,787	36,383	35,934	35,489	35,049	34,613	34,182	33,755	33,332	32,913

<物件概要書No.7［ビューネ上本町］> (別冊㊵)

投資計画書一覧	基本情報登録	詳細情報登録	融資関連情報登録	投資計画書	キャッシュフロー

基本情報の入力をしてください

作成日	2007/09/20	例：2007/04/01
物件名	ビューネ上本町	
物件種別	収益マンション一棟　地区：その他	例：和合JP心斎橋
物件価額	340000　千円	例：収益マンション一棟
家賃区分	○月額　◉年額	税込価額を入力してください
現状家賃（共益費込）	25200　千円	
満室家賃（共益費込）	25200　千円	
所在地（登記）	大阪府大阪市天王寺区北山町三丁目15-39	
住　所	大阪府大阪市天王寺区北山町三丁目7-28	
交　通	近鉄　大阪　線　上本町　駅　徒歩 4 分　バス　停　徒歩　　分	例：地下鉄御堂筋線　心斎橋駅徒歩5分
土地面積	168　m²	
前面路線価	290　千円/m²（国税庁 路線価図参照）	http://www.rosenka.nta.go.jp
建築年月	平成　19　年　3　月	
間取り等	ワンルーム30戸	例：1LDK 24室 駐車場10台

建物延床面積	743 m²					
	1F: m²	2F: m²	3F: m²	4F: m²	5F: m²	
	6F: m²	7F: m²	8F: m²	9F: m²	B1: m²	
構 造	鉄骨造 ・ 7 階建					
用途地域	商業地域 ・					
建蔽率	80 %					
容積率	400 %					
ライフライン	電気・上水道・下水道 ・ 都市ガス ・					
接道状況	一方					
接道方向	南 ・ 向道路 幅員 10 mに 8 m接道					
	・ 向道路 幅員 mに m接道					

確認

(別冊④)

投資計画書一覧	基本情報登録	詳細情報登録	融資関連情報登録	投資計画書	キャッシュフロー

詳細情報の入力をしてください

固定資産税評価額（土地）	39950	千円	土地評価参考価額　43,361千円	実額がわからない場合は参考価額を入力して下さい
固定資産税評価額（建物）	71269	千円	建物評価参考価額　71,269千円	実額がわからない場合は参考価額を入力して下さい
固定資産税額（土地）都市計画税を含む	133	千円（年税額）	土地税額参考価額　145千円	実額がわからない場合は参考価額を入力して下さい
固定資産税額（建物）都市計画税を含む	1212	千円（年税額）	建物税額参考価額　1,212千円	実額がわからない場合は参考価額を入力して下さい
火災保険料	118	千円	火災保険参考価額　118千円	実額がわからない場合は参考価額を入力して下さい
持回り保証金	500	千円		関西圏の場合は入力して下さい
リフォーム費用	0	千円（本物件取得後、直ちにリフォームが必要な場合のみ入力）		必要なときは見積りを取る
仲介手数料	●自動計算　○実額入力　　千円			自動計算は、（税抜物件価額×3%＋6万円）＋税で表示
管理費	5	%（共益費込みの現状家賃収入に対する割合）		目安：3～8%　管理内容による
修繕費	3	%（共益費込みの満室家賃収入に対する割合）		目安：3～5%
融資関係費	86	千円		目安 86千円
司法書士手数料	150	千円		目安：融資あり約150千円
エレベーター保守費	42	千円／月（税抜金額を入力）		目安：30千円～70千円／月
その他費用	50	千円／月（税抜金額を入力）		税は自動計算します

修繕積立金	0					目安：3～5%
土地の時価	900	千円／㎡				取引事例による土地価額
家賃下落率	1～5年	6～10年	11～15年	16～20年	21年以上	前年度家賃に対する下落率を表示
	0.5	0.8	1	1	1	
空室率	1～5年	6～10年	11～15年	16～20年	21年以上	各年の空室率を表示
	3	4	5	6	7	
周辺利便施設の状況	デパート、繁華街、大型病院は徒歩圏にあり					例：徒歩5分圏に病院、スーパーあり

％（共益費込みの満室家賃収入に対する割合）

確認

(別冊㊷)

| 投資計画書一覧 | 基本情報登録 | 詳細情報登録 | 融資関連情報登録 | 投資計画書 | キャッシュフロー |

融資関連情報の入力をしてください

建物価額	170000 千円	建物参考価額	211,108千円		参考建物価額は固定資産税で按分されています
土地価額	建物価額で自動計算されます。	土地参考価額	118,337千円		
積算価額	157,206千円				
収益還元価額	239,400千円				
借入可能限度額	借入期間	29年以内	29年〜34年以内	34年以上	借入期間によって借入可能限度額が変わります
	借入可能限度額	281,581 千円	259,794 千円	238,006 千円	
借入可能期間	30年 0ヶ月				
借入金額1	260000 千円				
借入期間1	30 年 0 ヶ月				
返済方法1	◉元利均等 ○元金均等				返済方法を選択してください
借入金利率1（単位:%）	1〜3年	4〜6年	7〜9年	10〜12年	13〜15年	16〜18年	19年以降
	2.4	2.6	2.8	3	3.2	3.4	3.6
借入金額2	0 千円				
借入期間2	0 年 0 ヶ月				
返済方法2	◉元利均等 ○元金均等				返済方法を選択してください

	1～3年	4～6年	7～9年	10～12年	13～15年	16～18年	19年以降
借入金利率2 (単位：%)	0	0	0	0	0	0	0
他の課税所得 (単位：千円)	0	0	0	0	0	0	0

確認

(別冊㊸)

和合 実のトレジャー発見　　不動産投資計画書Ⅰ

1	作成日	2007/09/20			
2	物件名	ビューネ上本町			
3	物件種別	収益マンション一棟	地区	その他	
4	物件価額	340,000 千円	建物価額：170,000 千円	消費税額：8,500 千円	
5	所在地（登記）	土地価額：161,500 千円　建物価額：大阪府大阪市天王寺区北山町三丁目15-39			
6	住所	大阪府大阪市天王寺区北山町三丁目7-28			
7	交通	近鉄 大阪線 上本町駅 徒歩 4 分　バス停 徒歩 分			
8	土地面積	168 ㎡	前面路線価	290 千円	
9	固定資産税評価額	土地・建物総額 111,219 千円	土地：39,950 千円	建物：71,269 千円	
10	固定資産税額等	土地・建物総額 1,345 千円 (都市計画税を含む)	土地：133 千円	建物：1,212 千円	
11	建物延床面積	748 ㎡	1F: ㎡　2F: ㎡　3F: ㎡　4F: ㎡　5F: ㎡　6F: ㎡　7F: ㎡　8F: ㎡　9F: ㎡　B1: ㎡		
12	建築年月	平成 19 年 3 月	構造	鉄骨造 7 階建	
13	間取り等	ワンルーム30戸			
14	建物償却年数	33 年	設備償却年数	14 年	
15	用途地域	商業地域	建蔽率・容積率	80 % ・ 400 %	
16	電気・水道	電気・上水道・下水道	ガス	都市ガス	
17	接道状況	一方	南 向道路 幅員 10 mに 8 m接道　向道路 幅員　mに　m接道		
18	周辺利便施設の状況	デパート、繁華街、大型病院は徒歩圏にあり			
19	積算価額	157,206 千円	収益還元価額	239,400 千円	
20	借入可能限度額	238,006 千円	時価見積額	259,686 千円	
21	借入可能期間	30 年 0 ヶ月	（建物取得費加算：	263 千円）	
22	持回り保証金	500 千円			
23	リフォーム費用	0 千円			

24	現状家賃(共益費込)	25,200 千円/年		満室家賃(共益費込)	25,200 千円/年	
25	初年度支出合計	13,523 千円		初年度費用合計	5,938 千円	
26	仲介手数料	10,505 二円	【税抜物件価額×3%+6万円】+税		5,515 千円	(建物取得費加算)
27	売買契約書印紙	80 千円	(建物取得費加算)	司法書士手数料	150 千円	
28	金消契約書印紙	100 千円		融資関係費	86 千円	
29	登録免許税	2,865 二円	【内訳：登録免許税土地：400千円　登録免許税建物：1,425千円　登録免許税融資：1,040千円】			
30	不動産取得税	2,737 千円	【内訳：不動産取得税土地：599千円　不動産取得税建物：2,138千円】			
31	管理費	1,323 千円/年	現状家賃/年×5%+税	満室家賃/年×3%+税	794 千円/年	
32	エレベーター保守費	529 千円/年	月額 42千円×12+税	満室家賃/年×0%+税	118 千円/年	
33	その他費用	630 千円/年	月額 50千円×12+税		0 千円/年	
34	家賃下落率	1〜5年	6〜10年	11〜15年	16〜20年	21〜25年	前年度家賃に対する下落率
		0.50 %	0.80 %	1.00 %	1.00 %	1.00 %	
35	空室率	1〜5年	6〜10年	11〜15年	16〜20年	21〜25年	各年の空室率
		3.00 %	4.00 %	5.00 %	6.00 %	7.00 %	
36	総投資額	357,023 千円		5年度実効税率	30 % (4〜6年度 他の課税所得： 0 千円)	
37	総借入金額	260,000 千円		自己資金額	97,023 千円	
38	借入1	260,000 千円		借入期間1	30年 0ヶ月	(元利均等)
39	借入金利率1	1〜3年	4〜6年	7〜9年	10〜12年	13〜15年	16〜18年	19年以降
		2.40 %	2.60 %	2.80 %	3.00 %	3.20 %	3.40 %	3.60 %
40	借入2	0 千円		借入期間2	0年 0ヶ月	(元利均等)
41	借入金利率2	1〜3年	4〜6年	7〜9年	10〜12年	13〜15年	16〜18年	19年以降
		0.00 %	0.00 %	0.00 %	0.00 %	0.00 %	0.00 %	0.00 %
42	他の課税所得	1〜3年	4〜6年	7〜9年	10〜12年	13〜15年	16〜18年	19年以降
		0 千円	0 千円	0 千円	0 千円	0 千円	0 千円	0 千円
43	表面利回り	7.06 %	【現状家賃/年÷総投資額】	キャップレート	5.77 %	【NOI÷総投資額−初年度費用】
44	DSCR	1.61	【NOI÷(年間元利金返済額)】	LTV	76.47 %	【借入額÷物件価額】
45	CCR	7.70 %	【税引前CF÷自己資金】	自己資金回収期間	年	【税引後自己資金累計額≧自己資金費】

(別冊㊹)

和合 実のトレジャー発見　　不動産投資計画書 II

物件名	ビューネ上本町					
住所	大阪府大阪市天王寺区北山町三丁目7-28					
物件価額	340,000 千円			自己資金額	97,023 千円	
借入1	260,000 千円	30 年0ヶ月 (元利均等)		借入2	0 千円	0 年0ヶ月 (元利均等)
初月返済額	1,013 千円			当初12ヶ月返済額	12,154 千円	

収支＆CFシート	1年度	2年度	3年度	4年度	5年度	6年度	7年度	8年度	9年度	10年度
A 家賃収入 (共込)	8,148	24,322	24,200	24,079	23,959	23,522	23,334	23,147	22,962	22,778
B 管理費	428	1,277	1,271	1,264	1,258	1,235	1,225	1,215	1,206	1,196
C 固定資産税等	448	1,345	1,345	1,325	1,325	1,325	1,305	1,305	1,305	1,285
D エレベータ保守費	176	529	529	529	529	529	529	529	529	529
E 火災保険料	118	118	118	118	118	118	118	118	118	118
F 修繕費	265	790	786	782	778	772	766	760	753	747
G その他費用	6,146	630	630	630	630	630	630	630	630	630
H NOI (純収益)	567	19,633	19,522	19,431	19,321	18,913	18,761	18,590	18,421	18,273
I 減価償却費1	1,489	4,468	4,468	4,468	4,468	4,468	4,468	4,468	4,468	4,468
J 減価償却費2	878	2,633	2,633	2,633	2,633	2,633	2,633	2,633	2,633	2,633
K 支払利息1	2,074	6,126	5,980	6,318	6,156	5,990	6,269	6,085	5,897	6,112
L 支払利息2	0	0	0	0	0	0	0	0	0	0
M 税引前利益	-3,874	6,405	6,440	6,012	6,064	5,822	5,390	5,403	5,423	5,059
N 元金返済1	1,981	6,040	6,186	6,151	6,313	6,479	6,476	6,660	6,849	6,884
O 元金返済2	0	0	0	0	0	0	0	0	0	0
P キャッシュフロー (CF)	2,450	7,467	7,355	6,963	6,852	6,445	6,016	5,845	5,675	5,277
Q 所得税＋住民税	0	1,922	1,932	1,804	1,819	1,747	1,617	1,621	1,627	1,518
R 修繕積立金	0	0	0	0	0	0	0	0	0	0
S 税引後CF	2,450	5,545	5,423	5,159	5,033	4,698	4,398	4,224	4,049	3,759
T 税引後CF累計額	2,450	7,995	13,418	18,577	23,611	28,309	32,707	36,931	40,980	44,738
U 修繕積立金累計	0	0	0	0	0	0	0	0	0	0
V 借入金残高1	258,019	251,979	245,792	239,642	233,329	226,850	220,374	213,714	206,865	199,981
W 借入金残高2	0	0	0	0	0	0	0	0	0	0
X 総借入金残高	258,019	251,979	245,792	239,642	233,329	226,850	220,374	213,714	206,865	199,981
Y キャップレート	5.77	5.77	5.77	5.77	5.77	5.77	5.77	5.77	5.77	5.77
Z 売却想定額	9,832	340,500	338,570	337,000	335,089	328,021	325,380	322,419	319,482	316,907

収支＆CFシート	11年度	12年度	13年度	14年度	15年度	16年度	17年度	18年度	19年度	20年度
A 家賃収入 (共込)	22,316	22,093	21,872	21,653	21,436	20,999	20,789	20,581	20,375	20,171
B 管理費	1,172	1,160	1,148	1,137	1,125	1,102	1,091	1,080	1,070	1,059
C 固定資産税等	1,285	1,285	1,266	1,266	1,266	1,247	1,247	1,247	1,228	1,228
D エレベータ保守費	529	529	529	529	529	529	529	529	529	529
E 火災保険料	118	118	118	118	118	118	118	118	118	118
F 修繕費	740	733	725	718	711	704	697	690	683	676
G その他費用	630	630	630	630	630	630	630	630	630	630
H NOI (純収益)	17,842	17,638	17,455	17,255	17,057	16,668	16,476	16,286	16,117	15,931

	21年度	22年度	23年度	24年度	25年度	26年度	27年度	28年度	29年度	30年度
A 収支&CFシート 家賃収入(共込)	19,757	19,559	19,364	19,170	18,979	18,789	18,601	18,415	18,231	18,048
B 管理費	1037	1,027	1,017	1,006	996	986	977	967	957	948
C 固定資産税等	1,228	1,210	1,210	1,210	1,210	1,210	1,210	1,210	1,210	1,210
D エレベーター保守費	529	529	529	529	529	529	529	529	529	529
E 火災保険料	118	118	118	118	118	118	118	118	118	118
F 修繕費	669	662	656	649	643	636	630	624	617	611
G その他費用	630	630	630	630	630	630	630	630	630	630
H NOI(純収益)	15,545	15,383	15,204	15,027	14,852	14,679	14,507	14,337	14,169	14,002
I 減価償却費1	4,468	4,468	4,468	4,468	4,468	4,468	4,468	4,468	4,468	4,468
J 減価償却費2										
K 支払利息1	4,167	3,823	3,466	3,096	2,713	2,316	1,904	1,477	1,035	576
L 支払利息2										
M 税引前利益	3,910	7,092	7,270	7,462	7,671	7,894	8,135	8,392	8,666	8,958
N 元金返済1	9,401	9,745	10,102	10,471	10,855	11,252	11,664	12,091	12,533	12,992
O 元金返済2										
P キャッシュフロー(CF)	1,977	1,815	1,636	1,459	1,284	1,111	939	769	601	434
Q 所得税+住民税	2,073	2,340	2,399	2,463	2,531	2,605	2,684	2,769	2,860	2,956
R 修繕積立金										
S 税引後CF	-96	-525	-763	-1,003	-1,247	-1,494	-1,745	-2,000	-2,259	-2,522
T 税引後CF累計額	62,332	61,807	61,044	60,041	58,794	57,300	55,555	53,555	51,296	48,774
U 修繕積立金累計	0	0	0	0	0	0	0	0	0	0
V 借入金残高1	110,628	100,883	90,782	80,310	69,456	58,204	46,540	34,449	21,916	8,924
W 借入金残高2										
X 総借入金残高	110,628	100,883	90,782	80,310	69,456	58,204	46,540	34,449	21,916	8,924
Y キャップレート	5.77	5.77	5.77	5.77	5.77	5.77	5.77	5.77	5.77	5.77
Z 売却想定額	269,603	266,791	263,692	260,624	257,586	254,579	251,602	248,655	245,737	242,848

I 減価償却費1	4,468	4,468	4,468	4,468	4,468	4,468	4,468	4,468	4,468	4,468
J 減価償却費2	2,633	2,633	2,633	2,633	1,755	0	0	0	0	0
K 支払利息1	5,902	5,687	5,831	5,591	5,343	5,408	5,131	4,845	4,819	4,499
L 支払利息2	0	0	0	0	0	0	0	0	0	0
M 税引前利益	4,838	4,849	4,523	4,562	5,490	6,792	6,877	6,973	6,829	6,963
N 元金返済1	7,093	7,309	7,387	7,627	7,874	8,001	8,278	8,564	8,749	9,069
O 元金返済2	0	0	0	0	0	0	0	0	0	0
P キャッシュフロー(CF)	4,846	4,642	4,237	4,037	3,839	3,259	3,067	2,877	2,549	2,363
Q 所得税+住民税	1,451	1,455	1,357	1,369	1,647	2,038	2,063	2,301	2,049	2,298
R 修繕積立金	0	0	0	0	0	0	0	0	0	0
S 税引後CF	3,394	3,187	2,880	2,668	2,192	1,222	1,004	576	500	65
T 税引後CF累計額	48,133	51,320	54,200	56,869	59,061	60,282	61,287	61,863	62,363	62,428
U 修繕積立金累計	0	0	0	0	0	0	0	0	0	0
V 借入金残高1	192,687	185,578	178,191	170,564	162,690	154,688	146,411	137,847	129,098	120,029
W 借入金残高2	0	0	0	0	0	0	0	0	0	0
X 総借入金残高	192,887	185,578	178,191	170,564	162,690	154,688	146,411	137,847	129,098	120,029
Y キャップレート	5.77	5.77	5.77	5.77	5.77	5.77	5.77	5.77	5.77	5.77
Z 売却想定額	309,133	305,895	302,726	299,257	295,824	289,083	285,754	282,459	279,521	276,291

のは、この物件の近くにC銀行の支店があったからです。そもそもC銀行は、収益物件への融資にあまり前向きでないことを聞き、ここは私のとんだ見込み違いでした。B銀行は売主さんの紹介ということもあり、積極的に検討して頂けることになりましたので、大手銀行かB銀行での融資になる模様です。

　1階の店舗が年末に退去するということではありますが、現時点では入居中ですから、そのことは敢えて銀行には伝えていません。でも、実際に退去されて、飯山さんが困られてもいけませんので、知り合いのテナント斡旋業者さんに、この物件を見ていただき、テナント募集の事前活動をしてもらうことにしました。

　融資を打診してから2週間が経過した頃、B銀行から途中経過の報告を受けることになりました。それを聞きに伺いますと、融資は可能であるが、融資額は40,000千円とのことです。この金額以上の融資も飯山さんと、不動産所得のある奥様との合算所得なら可能との事でしたが、その場合は自宅等を共同担保に提供しなければならないということです。これでは飯山さんは納得されないだろうなと思いましたが、その他の融資条件も聞くことにしました。金利は3年固定の場合、団信付保で2.49％の元利均等返済。これはいいレートだと思いました。連帯保証人は1名（配偶者）要で、借入期間は18年ということでした。B銀行では、鉄筋コンクリート造の建物の場合、最大35年の融資期間がとれるのですが、中古の場合、35年から経過年数を差し引くのです。この物件の経過年数は17年ですから、融資期間は18年となったのです。これではキャッシュフローが圧迫されます。そのため、融資金額が抑えられているのです。そこは辻褄が合います。

　B銀行の融資条件は飯山さんにお伝えしました。私の予想通り、共

同担保の提供には難色を示されました。後は、大手銀行の返事を待つばかりです。それから１週間後、やっと返事が返ってきました。通常ですと、取引のある顧客なら、２週間程度で返事が来るのですが、この物件の特性や、融資額や担保評価で審査が長引いたようです。提示された融資条件は、飯山さんにはちょっと期待はずれのようでした。融資額は満額の55,000千円、連帯保証人は１名（配偶者）要、金利は３年固定の場合、団信付保で2.69％、団信なしで2.39％の元利均等返済、担保は当該物件のみで、借入期間は20年です。通常ですと、借入期間は30年までＯＫのはずですが、１階が店舗にもかかわらず、融資額や担保評価が若干甘めとなったため、期間で調整したのではないかと考えられます。融資条件の提示があったことはある意味、飯山さんの信用があってのことで、融資を受けたくとも受けられない方が多い中、こういう条件で銀行から融資の承諾が頂けたことは、私は良かったのではないかと思います。最終的に、融資を受けられるかどうかのご判断は飯山さんにお任せします。

　飯山さんは、団信付保の場合、大手銀行なら、連帯保証人の提供まで言われるとは思っていなかったようで、条件を聞かれたときはちょっと曇った表情をされました。実は奥様が借金をすることに消極的だったのです。どちらの銀行で融資を受けるにしても、奥様が連帯保証人になることを承諾してくれませんと、融資は受けられません。飯山さんはその夜、奥様に物件の概要を説明され、自分のお考えも話されて、連帯保証人になることの了解を得られました。銀行融資につきましては、共同担保の提供には応じられないとのお考えでしたから、金利レートが多少高くとも、最終的には大手銀行の条件を受諾し、融資をお願いされました。

融資実行は10月初旬です。そのとき、アメリカでサブプライムローンの焦げ付き問題が報道され、日本でもこの影響で、金利上昇傾向に歯止めがかかったのです。9月末には10月の融資金利が下がることになりました。5年固定の金利が一番下がりましたので、飯山さんは団信なしの5年固定金利を選択されました。金利は2.5％です。それを踏まえて決済を前に、私は満室家賃での不動産投資計画書を完成させることにして、「融資関連情報登録」画面の借入金額欄以降の入力をしました〔別冊㉛参照〕。

　借入金額は55,000千円、借入期間は20年、元利金等、借入金利率は当初6年間2.5％、7～9年は2.9％、以降3年ごとに0.2％上昇と仮定しました。飯山さんの他の課税所得を伺い、1～3年は6,000千円、4～6年は6,500千円、7～9年は7,000千円、60歳を迎える10～12年は3,500千円、13～15年は3,500千円、16～18年は1,800千円、19年以降1,800千円と設定しました。これらの条件で、できあがった不動産投資計画書Ⅰをまずみてみましょう〔別冊㉜参照〕。㊲自己資金は9,701千円ですから、10,000千円を切りました。㊹DSCRは1.25です。これ以上、下がらないようにするためにも、空室は埋めないといけませんね。㊺CCRは9.09％です。決して良くはありません。自己資金回収期間はここでも現れません。すなわち、税引後のCFは悪いことが想定されます。㊸キャップレートは7.19ですから、これは悪いとは言えません。

　不動産投資計画書Ⅱをみます〔別冊㉝参照〕。色アミ部分が目立ちます。21年度に税引後CF累計額が△10,859千円となっています。ですから、この物件を所有し続けるには、もう10,000千円ほどの自己資金の投入が必要です。その時期は飯山さんが定年を迎えられる9年目ぐらいまでが良いと思います。それは、その1年前から税引後CF累計額が

赤字になっているからです。もし売却を考えられるなら、7年目までが良いと思います。現在より収益性を高められましたら、損をすることはないと思います。60,000千円以下のRC造物件は非常に少ないのです。ですから、多少古くなっても、現金で購入する人はいますので、売却については心配ないと考えられます。

　また、他の課税所得が0の場合の不動産投資計画書Ⅱも作成してみました〔**別冊㉞参照**〕。この場合、税引後CF累計額が赤字になるのは18年度以降です。その最大赤字額は1,930千円ですから、さほど心配のない金額です。預金があるなら、この物件を所有するのに所得の全くない人の方が、税金面を考えると有利ということもいえるのです。

　以上のことを、飯山さんにありのままお話しましたが、素直に聞いてくださいました。決済が済み、しばらくして、以前頼んでいたテナント斡旋会社より電話が入りました。その用件は、「来年からここの店舗を借りたいテナントさんがいる」との連絡でした。11月には予約契約もOKとのことで、賃料も若干今より上がりそうです。その旨を早速飯山さんにお伝えしますと、飯山さんのお顔にも笑みがこぼれました。このようにうまくいくことばかりではありませんが、時にはこのようなこともあるのです。これもご縁というものです。以上で、「ベルナール水木」の物件説明を終わりますが、一口に不動産取得と言いましても、簡単にはいかないということが、おわかりいただけたのではないでしょうか？

chapter 5

第5章
購入目的はさまざまです

1．融資期間の短くなる物件（学生対象ワンルームがいい理由）

●物件概要書ＮＯ．６

物件名	ブライト川音
物件価額	48,000千円
所在地 （住所）	大阪府門真市川音３－71 大阪府門真市川音４－26
交通	京阪　本線　門真駅　徒歩７分
土地面積	124㎡
前面路線価	100千円/㎡
延床面積	240㎡
構造	鉄骨造４建て　共同住宅11戸
建築年月	昭和58年９月
用途地域	第一種中高層住居専用地域
容積率	192％
建ペイ率	60％
接道状況	北向き4.8m道路に８m面する
間取	ワンルームタイプ
利便施設	周辺に大学が多い
現状家賃	5,200千円/年
満室家賃	5,200千円/年
表面利回り	満室時10.83％・現況10.83％
持回り保証金	500千円

購入目的はさまざまです

　この物件情報を取得したのは2007年９月15日です。築24年の鉄骨造のワンルームマンション一棟物件です。こういう物件の評価と、どう

いう人が取得するのに向いているかをお話しましょう。現在は満室ですね。年間賃料が5,200千円ということは、月額433千円、そうしますと1戸当たり賃料は平均4万円を切っています。賃料の安さゆえ、満室になっているかもしれません。入居者対象は「周辺に大学が多い」ということから、学生対象と思われます。学生が対象なら、4階建てのエレベーターなしの物件でも、需要はまだありますが、反対に学生や若者の少ないエリアでは、空室の心配があります。

　表面利回りは10％を超えていますので、購入を検討する人も多いかもしれません。でも、融資は簡単ではありません。残存耐用年数が10年であるため、大手銀行では融資期間を10年に設定するからです。そうしますと、年々の返済額が多くなり、自ずと借入額は少なくせざるを得ません。すなわち、総投資額の半分以上は自己資金を投入できる人が、この物件の購入対象者となるのです。自己資金を約25,000千円以上つぎ込んで、この物件を買う人というのは、若年層ではありません。10年間で借入金を返済して、後はこの物件の家賃で、生活を潤すというような考えで取得される人が、この物件の購入対象者かと思います。世の中には、大きな借金を抱えることに消極的な人も多いのです。25,000千円の自己資金があるなら、2億円の物件を狙うという積極的な人もいるでしょう。どちらが正しいかではなく、それは考え方の違いであって、流行だけですべてを判断しますと後悔の元となります。

　世の中がどのように変化するか、方向性は予測できても、10年後をはっきり言い当てられる人はいないと思います。過去、都市銀行が破綻し、旧財閥系の銀行同士が合併をすると、それが現実となった時より10年前に言い当てた人はいましたでしょうか？　私は予測できませ

んでした。バブル崩壊後、デフレ経済が長引くことも予測できませんでした。ですから、理論上の有利なことも長い年月の中では、思いもよらぬことで予測の全く逆になることもあるのです。そういうことも知って不動産と向き合っていただければと思います。

　それでは、不動産投資計画書を作成していきましょう〔**別冊㉟〜㊲参照**〕。物件概要書でわかる箇所はそのまま入力します。金利設定は1〜3年2.7％、以降3年ごとに0.2％上昇すると設定します。家賃下落率は、毎年1％ずつの下落とします。空室率は当初5年3％、以降5年ごとに1％ずつ上昇すると設定します。これらの設定条件で入力してみました。担保評価については、積算価額22,791千円、収益還元価額49,400千円、借入可能限度額10年で25,107千円と出ました。このことから、借入は25,000千円は可能と考えられます。

　たとえば、年齢51歳のサラリーマンが定年後のことを考えて、この物件を取得するとします。この人の課税所得が、60歳までは5,000千円、65歳までは3,000千円、それ以降は年金のみで1,800千円であると仮定します。総投資額は51,394千円です。借入額が25,000千円ですから、自己資金は26,394千円となります。

　不動産投資計画書Ⅰをみてみます〔**別冊㊳参照**〕。㊱5年度実効税率が30％になっています。ここは課税所得5,000千円とこの物件から上がる不動産所得を加算して計算した実効税率です。㊹DSCRは1.34で返済には余裕があります。㊺CCRは3.64％ですから、投資という面では、悪いといえます。しかし不動産取得の目的は老後の生活を安定させるためですから、ここはこだわる必要はないとも言えます。㊸キャップレートは7.87％です。これは悪くはないですね。

　不動産投資計画書Ⅱをみましょう〔**別冊㊴参照**〕。税引後CFは10年

度に240千円の赤字になっていますが、税引後CF累計額はずっと黒字ですから、心配はありません。65歳になる15年度では、税引後CFが年間2,281千円です。月額200千円は可処分所得ですから使い方は自由です。その後は年々減っていくシュミレーションになっています。実際にはどうなるかわかりませんが、事前にそうならないように策を講じていく方がいいでしょう。年金生活になれば、時間的余裕が生まれるでしょうから、不動産の管理は自らされれば経費の節減にもなります。建物が古くなっていますので、大規模修繕工事の準備も必要です。これはどんな不動産を取得してもいつかはやらないといけませんから、資金手当ての方法も考えて検討されればと思います。

　築年数の古い物件を取得されるときは、できましたらこの物件のように学生対象のワンルームがいいと思います。古くなって建替えや売却するときに、退去を願うこともあります。そのときには学生さんなら卒業の時期が来ましたら、通常退去を見込めますので、それにかかる費用は少なくて済むからです。収益の上がっている間はいいのですが、そうでなくなることもあり得ますので、出口は考えておく方がいいと思います。

2．新築間もない物件（相続税対策になる物件）

●物件概要書NO．7

物件名	ビューネ上本町
物件価額	340,000千円（内消費税8,500千円）
所在地	大阪府大阪市天王寺区北山町三丁目15-39
（住所）	大阪府大阪市天王寺区北山町三丁目7-28
交通	近鉄大阪線　上本町駅　徒歩4分
土地面積	168㎡
前面路線価	290千円/㎡
延床面積	748㎡
構造	鉄骨造7建て　ワンルーム30戸
建築年月	平成19年3月
用途地域	商業地域
容積率	400%
建ペイ率	80%
接道状況	南10m道路に8m面する
間取	ワンルームタイプ
利便施設	デパート、繁華街、大型病院は徒歩圏内
現状家賃	25,200千円/年
満室家賃	25,200千円/年
表面利回り	満室時7.4%・現況7.1%
持回り保証金	500千円

購入目的はさまざまです

　この物件情報を取得しましたのは2007年9月20日です。築後半年が経ち、満室になったので売りに出した物件と思われます。売主は不動

産業者さんです。この物件は、新築物件や築浅物件をお好みの人向けの物件として作られたものだと思われます。表面利回りが7.4％というのは、都心の新築物件では少し高めと感じます。建物は鉄骨造です。ここがミソですね。土地価額の上昇で、鉄骨造でないと、RC造では収支が合わなくなってきているのです。そのため、新築売り物件の中に鉄骨造の物件もよく見るようになってきました。

この物件概要書を基に、不動産投資計画書を作成します〔別冊㊵〜㊷参照〕。金利設定を1〜3年は2.4％、以降3年ごとに0.2％上昇すると設定します。家賃下落率は、1〜5年は0.5％、次の5年は0.8％、10年以降は毎年1％ずつの下落とします。空室率は当初5年3％、以降5年ごとに1％ずつ上昇すると設定しました。これらの設定条件で入力しますと、担保評価については、積算価額157,206千円、収益還元価額239,400千円、借入可能限度額238,006千円と出ました。借入期間最大30年ですから、融資関連情報登録画面では、30年の借入可能限度額は259,794千円と出ています。このことから、借入は2.6億円までは可能と考えられます。仮に2.6億円を借入し、この物件を購入するには、97,023千円の自己資金が必要となります〔別冊㊸㊹参照〕。その他課税所得をゼロにして収支を組んでみますと、30年間、税引後CF累積額が赤字になることはりません。課税所得のない人は、融資を受けられませんから、現金買いをする他はないと思いますよね。でも「さにあらず」です。購入者の所得が低くとも、連帯保証人の所得が高ければ融資を受けることは可能です。

仮に預金が2億円ある老婦人がいたとします。配偶者は既に亡くなり、自分が死ぬと相続人は子供2人というケースの場合、おそらくこの老婦人には自宅等の不動産もあるでしょうから、相続税のことを子

供たちは心配します。そこで対策を考えます。この老婦人の場合、預金の一部と子供を連帯保証人にして借入れをし、マンション一棟物件を購入します。これだけで相続財産の評価額を押さえて税額を減少させることは可能です。このように相続税対策を考えている人には、この物件は良い物件と言えるかもしれません。なぜなら、土地の相続税評価額は、路線価290千円×168㎡×（1−0.21）＝38,489千円、建物は（固定資産税評価額の参考価額）71,269千円×（1−0.3）＝49,888千円、両方足しますと、約88,400千円です。

　すなわち、この物件を取得するのに、自己資金として使った97,000千円と借入金260,000千円の合計、3.57億円を投入した物件の相続税評価額は88,400千円になり、借入金が2.6億円ですから、88,400千円−260,000千円＝△171,600千円ということになります。この171,600千円の負債は他の相続税財産と合算しますので、相続税がかからなくなる場合もあるのです。仮に実際に相続が発生した場合、この物件を売却し、資金回収を図るのです。こういうことを目的にマンション一棟物件を購入される人もいます。人の死はそう簡単には図れませんが、余命幾日と診断されたような場合は、この手法が相続税を少なくするのに効果的です。売却するときは、買値か、減価償却分マイナスぐらいの価額で売れればいいと思っておられる方が大半です。売るときに、物件価額が下がってしまっては、その効果も薄くなります。ですから、値下がりしにくい都心部の物件が好まれています。計画通りに行くかどうかはわかりません。不動産市場は常に流動していますので、それは運もあると思います。

　仮に1億円の預金をお持ちの方で、自らの老後を不動産収入で賄いたいと考えておられるなら、借金をせずに1億円以内の中古一棟物件

購入目的はさまざまです

の取得を、お勧めすることもあります。借金はある面、精神的負担となり、楽しいはずの老後が、借金が気になって楽しめない人も多いのです。それでは不動産を所有する意味も半減します。ですから、自分にあった所有法を見つけていただきたいと思います。

　ということで、「相続税対策のために取得する物件」という見方のあることを、ご理解いただけましたでしょうか？

chapter 6

第6章
トレジャー発見勉強会スペシャル講義のご案内

1．トレジャー発見勉強会スペシャル講義とは

　私の第一作目の著書、『収益不動産所有の極意』でもご紹介した「トレジャー発見勉強会」も回を重ね、過去約600名の方々に参加頂き、講義回数は200回を超えるまでになりました。休日を利用して行っていましたので、正直体力的にも、精神的にもつらい時期がありました。それを乗り越え、これまでやらせていただけたのも、多くの方々から支持を頂いたからだと思っています。勉強会参加者を対象に、同窓会も何度か行いました。時間の経過とともに、収益不動産を取得される方が増え、「勉強会に参加したことが役立った」と言って頂けることが何よりうれしく、参加者の方々の喜びが私の励みとなっています。

　トレジャー発見勉強会は、初級・中級者向けでした。平成19年の2月を最後に、業務の都合で、時間的に開催するのが難しくなり、一時中止のやむなきに到っています。ですが、その後、上級者の方々（読者諸氏）のご要望にお応えし、「トレジャー発見勉強会スペシャル講義」を、数回行いました。毎回1クラスのみで、10名限定の少人数で行ったことから、私自身も参加者のお顔と名前を早く覚えられました。そのことは私だけでなく、参加者同士のコミュニケーションも図れることに繋がりました。その証拠に、勉強会終了後も参加者間で情報交換がされているのです。勉強会が、参加者の方々の「不動産所有で幸せになる」ことのお手伝いの場となっているのでしたら、私の喜びでもあります。ありがたいことに、これまでいい人ばかりに参加して頂きました。真剣に講義を聞いてくださる人の集まりでしたから、私も熱が入り時間をオーバーして講義することも度々ありました。

　今後も、年に数回、できれば毎月でも、ご要望があれば、上級者向けの「トレジャー発見勉強会スペシャル講義」を行いたいと思ってい

ます。初級・中級者向けの勉強会も、本年度より再開する予定です。また、女性だけの、あるいは年齢層を限定した不動産投資勉強会や不動産所有者限定のスーパースペシャル講義のご要望も頂いていますので、そちらにもお応えしていきたいと考えています。いずれ、私のホームページで、開催のご案内をしますので、ご興味のある方はご応募ください。

　ここで、「トレジャー発見勉強会スペシャル講義（上級コース）」の内容をより詳しく申し上げます。先ほども申し上げましたように、少人数（最大15名）で行いますから、応募が多い場合、全員が参加できないことになります。応募者には事前に個人情報を提供して頂きます。その大きな理由は2点です。1点目は勉強会当日個別面談をしますので、短時間でもより踏み込んだお話をさせて頂くことも可能となるからです。2点目は素性のわからない人が入ることで他の参加者に迷惑となっては困るからです。そういうことで、応募者全員の参加を認めている訳ではありませんから、その点あらかじめご了承願います。また、参加が決まりますと「収益不動産理解度テスト」にもチャレンジして頂きます。

　この「収益不動産理解度テスト」は、10問あり、3問できれば合格という難易度の高い質問項目が並んでいます。8問できれば、参加する必要もないのではないかと思っています。この10問が勉強会終了時には、全員解答できるというのが、この勉強会参加者の一つの楽しみとなっています。

　この勉強会は通常、土日連続もしくは、日をあけての2日間で行います。午前10時から午後5時まで、100分講義を6回行います。その内容は、毎回若干異なりますが、過去に行った内容をお知らせしましょ

う。

　第1日目、講義の始まる前には、1人1分で自己紹介をして頂きます。隣の席の人がどんな人かわからないままより、たとえ1分の情報でも、一気に和やかな雰囲気になりますから緊張感が解けます。

　第一回：論文を読んで、見方、考え方、心理を読む等の基礎を学ん
　　　　　でいただきます。
　　　　　（この間に、私と個別面談をさせて頂きます。）
　第二回：2項目あります。
　　　　　① 論文の説明を行います。
　　　　　② 自分の求める（買える）不動産はどのような不動産か
　　　　　　 を知って頂きます。
　第三回：3項目あります。
　　　　　① 不動産の何を見るのか
　　　　　　 （購入是非の判断基準プラスアルファ：目的達成度）
　　　　　② 物件価値の考え方
　　　　　③ 不動産情報、知恵、知識の得方≒プロとの付き合い方
　　　　　　 等について講義します。

第2日目は主に投資適格度分析について講義します。
　第四回：2項目あります。
　　　　　① 物件査定の仕方
　　　　　② 指標（数値）の見方
　第五回：『Web版　和合実のトレジャー発見　不動産投資計画書』の
　　　　　作成の仕方について講義します。

第六回：3項目あります。
> ① 事例研究
> ② 不動産戦略の立て方
> ③ まとめ

　ざっと、以上のような内容です。当勉強会は常に改善をしていきたいと思っていますので、今後も同じ内容でするとは限りません。投資環境が変われば、当然内容は変わりますし、講義回数や時間も変更していきます。

　自分で言うのもおこがましいのですが、過去の参加者の方々からは、「講義内容は濃い」と受け止めて頂いています。大勢の参加者がいるセミナーとは、また一味違う雰囲気があります。勉強会参加者の方々の了解を得ましたので、ここにその方々の勉強会参加後の感想を掲載させて頂きますので参考にしてください。感想文は3つの質問に対する回答形式となっています。

2．トレジャー発見勉強会スペシャル講義参加者の声

質問1 勉強会で得たものは何ですか？

（岩下さんの場合）

　不動産に対して熱い想いを持ちながらも客観的に見る姿勢。売る側、貸す側の立場になって考える事の大切さ。自分のポジションを客観的に見る事の大切さ。目標を持つことの重要さ、生活設計の重要さなど。その他、税に関する事などいつも不動産や証券、銀行の営業の人に対して感じていた不満。なぜ買ってくれとしか言えないのか？

　和合先生のようになぜこの物件が、なぜこの人にいいのか？　それに明確に答えられるだけ勉強しているセールスの人に会ったことはありません。

（沢本さんの場合）

　不動産投資の入口出口について、まだまだ知らないことが山ほどありました。特に初日の論文には度肝を抜かれました！　あんなにも貴重な話が聞けるとは思ってもいなかったので、感激しました。

（田所さんの場合）

　参加者の方々の、考え方、スタンスなど参考になった。

　あらゆる角度から、工夫と思考が必要なことを知った。

　不動産投資計画書が、よく理解でき、物件の価値、見方のコツが理解できた。

　物件探しに、孤独感と、不安感がなくなった。

（西井さんの場合）

　『自分にあった不動産を見極める』ことであり、変化する環境に対応するための、出口からみた不動産投資の考え方です。また、そのために自分でコントロールできる投資額・地域・規模・種類等の選定を

すること等、非常に有意義でありました。
(横尾さんの場合)

　不動産投資の世界はあまりにも奥が深く、素人が片手間で成功できるものではないということを痛感しました。今後、不動産投資に取り組んでいく上で、もっと勉強しなければと、謙虚な気持ちになれたことが大きな収穫です。

　また、和合先生をはじめ、不動産投資を勉強されている同じ気持ちの方々とお知り合いになれたことは、自分にとって大きな財産となりました。
(滝川さんの場合)

　プロでないと知れない事情を知る機会を頂け、また金融面でどうしても知っておかなければならない銀行の見方、動向の最新情報を学べました。不動産を持つことが、その人それぞれの家族構成や、年齢、目標（ビジョン）によって向き不向きの物件があるということを、改めて認識できたことです。

質問2　収益物件の購入予定に、勉強会の前後で変化はありましたか？

(佐藤さんの場合)

　大いにあります。会社と家族を含めた自分の現状と将来を考えて、次に取得する不動産がどんなものが最も適切なのか、もしくは、新たに取得するより先にすべきことは何か、もっと深く検討する必要があると思いました。でも、優良物件を効率よく選別する術を身につけられたので、物件の選定作業は、本格的に始めたいと思います。

（原さんの場合）

　勉強会出席前は、借入によりレバレッジをかけることに否定的でしたが、可能な限りのシミュレーションをしてからなら、一つの方法だと思えるようになりました。

（小野さんの場合）

　安易な考えで、高利回りの物件に手を出したことを反省しました。将来、収益を生まなくなる可能性のある物件は、早めに処分しようと決断することができました。

（立川さんの場合）

　勉強会以前は、新規の購入を考えてはなかったのですが、勉強会後は、現在の賃貸マンションの借入金をできるだけ早く減らして、次の物件の購入を検討したいと思いました。物件購入のときは、ご相談をしたいと思いますので、今後もよろしくお願いします。

（津坂さんの場合）

　勉強会の期間中に、地元で物件（RC3F 店舗付物件）の紹介があり、購入是非のご検討を頂きました。今回、参加していなければ店舗案件に興味を示さなかったと思います。〈津坂さんは、後日この物件を購入されました。〉

（加地さんの場合）

　自分がやるべきことの優先順位とスケジュール化がはっきりしました。

（友永さんの場合）

　もちろんありました。今回物件を買ったばかりなので来年は難しいかなと思い始めていましたが、次の物件購入も努力次第で、まだ可能性があるのではと思うようになりました。

質問3　今回の勉強会に参加して良かったですか？　その良かったと思える点はどんなところですか？

（山田さんの場合）

はい、良かったと思います。本当にお疲れ様でした。聞いている私がこれだけ疲れるのですから、先生はさぞ消耗されたでしょう。ありがとうございます。

他の出席者の方々と、短い間ながら不動産に関する意見交換ができたことです。やはり、普段私は本やネットで知識を得ることが多いので、収益物件を持っている人や購入を考えている人たちと、話ができたのは貴重な体験でした。

（福山さんの場合）

はい、もちろん。税引後キャッシュフローなど、新しい概念を吹き込まれました。

実効税率についても、今までは言葉すら知りませんでしたが、事前の確認テストをきっかけに学び、講義中の「税引き後キャッシュフローのシミュレーション」でその影響の大きさを知りました。

また、税金対策や銀行対策についても、普通なら聞けない話を、要所要所で聞かせて頂き、大変参考になりました。

いちばん最初の読書では、〝自分が相手をしようとする組織の思考構造〟を知ることの大切さに気づかされました。

（高橋さんの場合）

はい、もちろんです。絶対受けたい講義です。モチベーションの高い参加者の方たちとの出会いも良かったです。

（小島さんの場合）

はい、大変有意義な2日間でした。少人数で、対話形式のような感

じで進めて頂き、自分たちの目標、目的に置き換えて考えてみることができ、また、私たちの立場では知りえない情報が満載でした。物件、税金、銀行の見方・付き合い方を考えさせられました。
(中辻さんの場合)

　お世辞抜きに、本当に参加して良かったと思います。合計夜行バスに4回乗りましたが、あまり疲れていないのがその証拠かなと思います。

　巷の書籍に書かれていないことで、かつ「いざ」という時に、知識としてあれば活用できるかなと思えたことです。また、「負けない投資とは」という発想が私の考え方と合っていたことや、その具体的な事柄の基本を教えて頂けた点です。
(宮井さんの場合)

　勉強会を通じて、不動産とは購入だけではなく、維持管理（修繕）、収益力向上への努力、出口戦略としての売却を含めた一連の戦略が大切なのだと強く感じることができました。このような機会がなければ出会うことのない人たちと、休憩時間にも互いの成功談から苦労談までいろんな話で弾みました。今回で2回目ですが、前回はまだわからない言葉につまずき、理解しようと必死で話を聞いていましたが、もう一度同じ話を聞けたことも、頭の中を整理できて良かったと思います。

　また、前回は出なかった新しい情報に驚かされ、不動産はどこまでも学ぶことが必要だと再認識しました。不動産で問題を抱える多くの人は相談できるプロもなく、仲間もないでしょうから、このような勉強会に参加されたら、抱える問題を何とか打開していこうと思えるのではないかと思います。

以上が、アンケートに書いていただいた参加者の声です。ご参考になりましたでしょうか？

　勉強会参加者のほとんどは面識のなかった人達です。特に昨年は私に直接メールで勉強会の問合せをくださった方々ばかりでした。和合実がどんな人物かもわからない中で、参加くださったことに感謝しています。人との出会いはどこで始まるかわかりませんね。チャンスは自らの行動で摑めるということです。

　なお、トレジャー発見勉強会スペシャル講義（上級コース）参加者には、特典としまして、『Web版　和合実のトレジャー発見　不動産投資計画書』に１ヶ月間アクセスできるIDとパスワードを無償交付いたしますから、お楽しみに。

　本年、私は組織を離れ独立して活動していきます。この機会に勉強会の開催数を増やしますから興味のある人は、是非ご応募ください。

　勉強会の案内は、ホームページ上で行います。基礎から勉強したい人には初級・中級クラスも開講しますので、こちらのクラスからご参加ください。

終わりに

　本書は第一作『収益不動産所有の極意』、第二作『出口からみる収益不動産投資』を踏襲し、数値を重視した収益不動産の見方について、不動産投資計画書を題材にして執筆しました。読み終えた方には、銀行の融資スタンスや考え方についてもご理解いただけたのではないかと思います。しかしいずれはこれらも変化していくことでしょう。世の中は流れています。いつまでも同じ考え方では、取り残されてしまうというのが今の時代ではないかと感じます。ですから、収益不動産を取り巻く環境の変化に呼応して、自らも変わらなくてはなりません。私もその変化に遅れをとらないように、また変化を楽しみながら向上していきたいと思っています。

　このたびの出版は、『Web版 和合実のトレジャー発見 不動産投資計画書』のマニュアル本ともなっています。これを基に是非「Web版」を試して頂きたいと思います。「Web版」はこれが最高とは思っていません。いずれ改善することもあろうかと思います。また法令等の改正で数値に影響がある場合は、随時変更していく予定です。ここに至るまでも、既に100バージョンほどの不動産投資計画書ＰＣソフトがありました。その道のりを経てできたのが、今回ご紹介したものなのです。ですから、プロに見て頂いても恥ずかしくないものができたと思っています。

　『Web版　和合実のトレジャー発見　不動産投資計画書』ソフトを実際にご利用頂けますと、その便利さ、Ａ４サイズに収められた内容の濃さやレベルの高さに十分ご満足頂けるものと信じます。有料ですが、一度と言わず、何度もご利用ください。ご利用頂いている内に、

収益不動産の見方に対するレベルも上がっていくと思います。食わず嫌いではその美味さもわかりません。そこで、読者の皆さんに「1週間無料お試しサービス」を提供させて頂きます。ご利用方法は本書巻末のハガキに必要事項をご記入の上、ご投函ください。後日、「無料お試しサービス」のご案内を㈲ＮＴＬの倉田氏よりメールにて送付させて頂きます。奮ってご応募ください。このソフトは使ってみてわかるものです。そこでご自身が作成された不動産投資計画書を、ぜひとも銀行融資の際にご活用頂きたいと思います。融資実行がスムーズにいくかもしれませんよ。詳しくは、巻末ページをご覧ください。

　私も収益不動産を複数棟所有しています。その話をしますと、セミナー等で、「どんな収益不動産を所有されているのですか？」とよく聞かれるのですが、特定して「この物件です」と言いますと、入居者の方々にご迷惑をかけることになってもいけませんので、残念ですがお答えしていません。今回お話しましたように、収益不動産の取得に際し、私も融資利用が前提です。実は昨年も、収益物件２棟を取得しましたが、ちょっと特徴のある物件です。私は万人受けする物件よりも、特徴のある物件や、ちょっと変わった物件に目がいってしまうのです。決して利回りだけでは物件を買いたいとは思わないのです。どんな物件が好みかと言いますと、「所有していることが楽しくなるような物件」です。単に、儲かれば何でも良いとも思いませんし、縁を大事に考えていますので、「自分に所有して欲しいと思っているのでは」と、感じる不動産を購入しています。不思議と「縁」を感じるのです。なかなかわかってもらえないかもしれませんが、私の場合、この縁も購入時の大きな判断材料です。ですから、愛情を持って所有します。突発的事情や不測の事態が生じなければ、長く不動産と付き合ってい

こうと考えていますから、育てる感覚を持って不動産と向き合っています。でもいずれは別れのときがくるという覚悟も持っています。出口も見定めているからです。人生、出会いと別れはつきものですね。私は不動産とも、それに似た感覚で接しています。

「トレジャー発見勉強会」の参加者の方より、「不動産投資計画書が役立った」との、お礼の手紙を頂きましたのでご紹介します。

『「和合実の不動産投資計画書」は２棟目の購入を考える際に、明快な判断基準となり、大きな力となりました。また、先生から的確かつ迅速なご助言を頂きまして、昨日無事にその物件の決済を終えることができました。この物件との「縁」を「良縁」とすべく、日々勉強に努めていく所存です。先生には大変お世話になり、本当にありがとうございました。
先生との出会いがなければ、２棟もの収益不動産の所有はありえませんでした。と同時に、収益不動産所有上の嬉しさ・気苦労等をひっくるめた「楽しさ」を感じることはできなかったと思います。今まであまり興味を持つこともなく、知識もほとんどなかった世界に触れ、自分の人生が精神的に豊かで、喜ばしいものになりつつある事を実感しています。今後とも、どうぞよろしくお願い申し上げます。』

この方は教師をされています。「気苦労」も「楽しさ」と感じられているのです。こういう前向きな考え方が、不動産とうまく付き合っていくコツではないかと思います。

さて、第一作目のテーマは「失敗しないように」で、キーワードは

「気づく」でした。そして第二作目のテーマは「出口と最終形」、キーワードは「見方」でした。本書のテーマは何かといいますと、「投資計画」です。そしてキーワードは「数値」です。これらのテーマとキーワードは、私の強くお伝えしたいことです。これらは読者の皆さんに、「再点検してください。」という私からのメッセージでもあるのです。実践していただけますと、たとえ大手の不動産仲介会社の営業マンであっても、勉強していない営業マンや、過去の経験だけで仕事をこなしている営業マンよりは、ずっとレベルが高くなると思います。事実、私の著書を熟読し、また、「トレジャー発見勉強会スペシャル講義」に何度も参加している人達は、かなりのレベルに達しています。すべてを言わずとも、私の言わんとするところを、的確に捉えられているように思えます。ですから、よほどの営業マンでないと、この人達には太刀打ちできないと感じています。彼らの前で下手なことをいいますと、たぶん恥を掻いてしまうことになるでしょうし、そのレベルを超えた営業マンを探すのが大変なぐらいです。

　皆さんに多少なりともお役に立てる情報発信を行うため、ネット上にホームページも立ち上げました。ブログ「和合実の不動産グルメ日記」もここに集約しています。セミナーやトレジャー発見勉強会の案内、不動産市場の動き、物件情報も掲載していく予定ですから、こちらの方も時折のぞいてみてください。

　ここで若干、今後の不動産市況について申し上げておきましょう。昨年後半から、ファンドの動きが変わってきました。ここ1～2年、企業の好業績で求人が増えているのは皆さんもご存知でしょう。そのため、東京においては大型ビル需要が高まり、賃料も上昇しました。新築の都心部大型ビルはすぐにも満室になるという状況でしたでしょ

う。その影響で中古の大型ビルや中型ビルの賃料も上昇しました。でも賃貸マンションの賃料はといいますと、ほとんど上昇していません。そのため、収益性の改善余地のあるビル物件にファンドの目は向き、マンションを売却して、ビルを購入するという動きも見られました。ファンド向けに開発した新築マンションは、売れずに残っているものが増えてきています。ファンド資金の流動性は高く、より収益性や効率の良い投資先へと流れていきます。求められる収益を達成するのに、利回りの低い新築マンション投資では合わなくなっているのです。すなわち、その物件価額が高いということです。賃料が一定ですと、自ずと取得価額として出せる資金は決まってきます。そこを逸脱していては、ファンドは成り立ちません。利回りの合わない物件は敬遠され、その結果、ファンド向けの不動産開発業者の中には、新築一棟物マンションを抱えざるを得ない状況になっています。そして、いずれ近いうちにそれらの物件が市場に出てきます。もう既に価額を下げて売り出されているものもありますが、資金繰り等で保有する余裕がなくなったときには、投げ売りも始まるでしょうから、収益性の良い物件も出てくると思います。その時の購入者はまたファンドかもしれません。と言いますのも、個人ではそれらの物件総額が大き過ぎて、手の届きにくいものだからです。

　先の影響は、5億円以下の物件にも波及し、利回りの改善した物件が流通しだすと思います。では2億円以下はどうかといいますと、ますます購入したい人が増えてきていますので、先の影響も多少はあるかもしれませんが、それほど大きな値崩れはないとみています。ですから、2億円以下の物件取得をお考えの方は、良い物件が出たらすばやく判断して、購入を決めるという姿勢が、相変わらず必要になると

思います。そのためにも、いつでも融資を受けられるように、事前に銀行と融資について相談しておくことが必要です。

既に業者売りの中古物件の価額は見直しされ下がってきています。個人の方にはまだ実感しにくいところかもしれませんが、ネット上の不動産サイトでも、金額の張る物件の数は増加していると思われませんか？　更地の売買については、もっとはっきり言える部分もあるのですが、収益不動産に限って言えば、以上のような見方をしています。

私の思うような展開になるかどうか定かではありません。しかし物件価額が調整局面に入っているところからみましても、当らずとも遠からずではないかと思います。

一つでもお役に立つ情報はありましたでしょうか？　私も収益不動産に関する勉強は、今後も続けていきます。勉強範囲は広く、金融や税務、経済に法律と、多岐に渡っていますが、実践的な勉強をすればするほど、「収益不動産理論」のようなものが、見えてくるような気がしています。昔から大家さんである人は、今の時代感覚を理解できず、過去の経験だけで不動産を見ている人もいます。時代は大きく変わりました。これからも不動産を取り巻く環境は変化していくでしょう。その変化を数値で確認しながら、対応していくことが肝要との思いは益々強くなっています。多少の躓きは許容範囲です。何事も最初から完璧はありません。

私自身、知らないことから多額の損失を蒙ったにがい経験があります。読者の皆さんには、理論と実践をバランスよく身に付け、時代に即した大家さんになって頂きたいと思います。そして、「収益不動産で幸せ」になられますことを、心より祈念致します。

最後までお読み頂きありがとうございました。

　　　　　　　　　　　　　　　　　　　　　和合　実

〔著者紹介〕

和合　実（わごう　みのる：ペンネーム）

昭和34年（1959年）生まれ。神戸大学大学院法学研究科修了。
昭和55年（1980年）度国税専門官採用試験に合格。国税調査官として所得税・法人税の調査等に従事。活躍の場を民間に求め退官。
平成元年（1989年）大手建設会社に入社。その翌年より土地活用の提案型営業に従事。顧客のニーズに対応した提案力には定評がある。7年前より時代のニーズを先取りし、収益物件への買換えコンサルティングの営業を行う。ユニークな発想と誠実な人柄で個人顧客に同氏のファンも多い。平成16年より同氏が講演をする不動産セミナー参加者を対象に自ら講師となって、不動産の見方・ものの考え方等をテーマにした「トレジャー発見勉強会」（平成16・17・18・19年の実績：延べ200回を超える。）を開催、好評を博する。
平成20年（2008年）1月退職し、同年2月和合実事務所を立上げる。
著書に、「収益不動産所有の極意」（清文社）、「出口からみる収益不動産投資」（清文社）がある。

連絡先：〒540-0037　大阪市中央区内平野町2-3-14　11階　和合実事務所
メールアドレス：wago@wago-minoru.com
ホームページ：http://www.wago-minoru.com/

〔Web版　不動産投資計画書　監修〕

倉田　昌彦（くらた　まさひこ）

昭和34年（1959年）大阪生まれ。関西大学工学部卒。システムエンジニア。
有限会社エヌティーエル　代表。
技術者の視点から、数値で見る不動産投資を実践。
不動産が好きで、時間があれば仲間を誘って物件見学に行く。
メールアドレス：kurata@wago-minoru.com

| Web版　和合実のトレジャー発見 |
| 不動産投資計画書 |

一目瞭然！数値で発掘　収益不動産

2008年3月10日　発行

著　者　和　合　　　実

発行者　小　泉　定　裕

発行所　株式会社　清文社　URL：http://www.skattsei.co.jp
大阪市北区天神橋2丁目北2の6（大和南森町ビル）
〒530-0041　電話06(6135)4050　FAX06(6135)4059
東京都千代田区神田司町2の8の4（吹田屋ビル）
〒101-0048　電話03(5289)9931　FAX03(5289)9917

株式会社廣済堂

©Minoru Wagou, 2008, Printed in Japan

■著作権法により無断複写複製は禁止されています。落丁本、乱丁本はお取り替えいたします。

ISBN978-4-433-37117-3

＊＊＊＊＊＊＊＊＊＊＊＊＊＊＊＊＊＊＊＊＊＊＊＊＊＊＊＊＊
「Web版　不動産投資計画書」の１週間無料お試しサービスのご案内
＊＊＊＊＊＊＊＊＊＊＊＊＊＊＊＊＊＊＊＊＊＊＊＊＊＊＊＊＊

　本書ご購入の方に限り「Web版　不動産投資計画書」が実際にご利用いただけるサービスを行っております。（ただし、無料期間はご使用後１週間にさせていただきます。）

　巻末ハガキに必要事項をご記入の上、切手を貼ってご投函いただくだけで、ご指定のメールアドレス宛てに折り返し返信メール（「Web版　不動産投資計画書」のご利用申込登録用フォーム）をお送りします。（お急ぎの方は直接、和合実のホームページ http://www.wago-minoru.com/ からアクセスしてください。ただし、読者パスワード承認がありますのでご注意ください。）

　また、このお試しサービスは期間限定とさせていただきますので、将来中止することもあることをご承知おきください。

------------------------------キリトリ線------------------------------

サービス登録申込書

[利用目的]ご記入いただいた個人情報は、「Web版　不動産投資計画書」のご利用申込登録及び関連情報の確認等以外には使用いたしません。
＊下欄にご記入のうえ、本書挿み込みの「個人情報保護シール」をお貼りください。

メールアドレス （必ずご記入ください）	
お名前(又は名称) （必ずご記入ください）	
フリガナ （必ずご記入ください）	
ＴＥＬ （必ずご記入ください）	－　　　　－

ご意見その他

郵便はがき

530-0041

お手数ですが切手を貼ってお出し下さい

大阪市北区天神橋二丁目北二—六
大和南森町ビル

株式会社 清文社 行
Web版不動産投資計画書サービス 係